표정을 읽는 아이,
세상을 읽는 아이

RAISING A SOCIALLY SUCCESSFUL CHILD
Copyright © 2024 by Stephen Nowicki
All rights reserved

Korean translation copyright © 2025 by SangSangSquare
This edition is published by arrangement with Little, Brown and Company, New York, New York, USA. through EYA Co.,Ltd

Korean translation rights arranged with Creative Artists Agency through EYA Co., Ltd.

이 책의 한국어판 저작권은 EYA Co., Ltd.를 통해
Little, Brown and Company와 독점 계약한 상상스퀘어가 소유합니다.
저작권법에 의하여 한국 내에서 보호를 받는 저작물이므로 무단 전재 및 복제를 금합니다.

표정을 읽는 아이, 세상을 읽는 아이

우리 아이 사회성 키우는 6가지 비언어 수업

스티븐 노위키 지음·박미경 옮김

RAISING A SOCIALLY SUCCESSFUL CHILD

상상스퀘어

강인함과 선함과

용기의 의미를

몸소 보여준 내 아내 카렌에게

이 책을 바칩니다.

RAISING A
SOCIALLY
SUCCESSFUL
CHILD

차례

들어가며: 새로운 유형의 문제 008

PART 1
비언어적 의사소통

1. 관계의 언어 032

생사의 문제 036 • 비언어를 개발하는 방법 041 • 관계의 구조: 4단계 모델 049

2. 여섯 가지 유형의 비언어적 의사소통 056

기본 사항 057 • 구두언어와 비언어의 유사점과 차이점 062

PART 2
조용한 오케스트라

3. 리듬: 은밀한 비언어 경로 076

리듬이 중요한 이유 082 • 유아기와 유년기 초기의 리듬 086 • 어린아이에게 리듬감을 알려주기 위한 팁 087 • 유년기 후기의 리듬 093 • 유년기 후기 아이에게 리듬감을 알려주기 위한 팁 097 • 전문가의 도움이 필요한 때 102

4. 표정: 웃어라, 그러면 세상도 함께 웃는다 104

표정이 중요한 이유 113 • 유아기와 유년기 초기의 표정 119 • 어린아이에게 표정을 알려주기 위한 팁 122 • 유년기 후기의 표정 127 • 유년기 후기 아이에게 표정을 알려주기 위한 팁 131 • 전문가의 도움이 필요한 때 133

5. 개인적 공간: 됐어, 그만 다가와! 135

개인적 공간이 중요한 이유 137 • 유아기와 유년기 초기의 개인적 공간 148 • 어린아이에게 개인적 공간을 알려주기 위한 팁 150 • 유년기 후기의 개인적 공간 152 • 유년기 후기에 개인적 공간을 탐색하도록 돕는 팁 155 • 전문가의 도움이 필요한 때 159

6. 신체 접촉: 조심 또 조심 161

접촉이 중요한 이유 165 • 유아기와 유년기 초기의 접촉 174 • 어린아이에게 접촉의 미묘한 차이를 알려주기 위한 팁 177 • 유년기 후기의 접촉 181 • 유년기 후기에 긍정적 접촉을 권장하기 위한 팁 183 • 전문가의 도움이 필요한 때 186

7. 발성: 내 말의 속뜻을 알아들을 수 있니? 188

발성이 중요한 이유 191 • 유아기와 유년기 초기의 발성 201 • 어린아이에게 발성을 도와주는 팁 204 • 유년기 후기의 발성 206 • 유년기 후기에 발성을 잘 활용하도록 도와주는 팁 211 • 전문가의 도움이 필요한 때 214

8. 보디랭귀지: 교차로의 교통경찰 216

보디랭귀지가 중요한 이유 220 • 몸짓, 걸음걸이, 자세 223 • 장신구 229 • 유아기와 유년기 초기의 보디랭귀지 232 • 유년기 초기에 보디랭귀지를 배우도록 도와주는 팁 238 • 유년기 후기의 보디랭귀지 240 • 유년기 후기에 보디랭귀지를 배우도록 도와주는 팁 244 • 전문가의 도움이 필요한 때 249

결론 251

감사의 글 263

주석 272

RAISING A
SOCIALLY
SUCCESSFUL
CHILD

들어가며: 새로운 유형의 문제

아이를 돕기 위해 뭐라도 하는 사람은 영웅이다.

— 프레드 로저스 Fred Rogers

1990년대에 나는 어떤 수수께끼를 푸느라 애를 먹었다. 교우관계에 어려움을 겪는 아이들이 내 임상심리치료실을 추천받고 찾아왔는데, 문제의 원인이 딱히 보이지 않았다. 아홉 살 난 그렉이라는 아이도 그랬다. 그렉은 별난 구석이라곤 없는 듯했다. 공부도 잘하고 또래 아이들처럼 야구방망이도 잘 휘둘렀다. 달리기와 온갖 놀이를 좋아했고, 모험영화를 즐겨 봤다. 랜디라는 이름의 반려견에게 구르기와 뒷

발로 서서 재롱부리기도 곧잘 가르쳤다. 그렉은 '신경전형인 neurotypical(신경다양성의 관점에서 자폐장애가 있는 사람들이 비자폐인을 부르거나 신경질환이 없는 사람을 부르는 말-옮긴이)'이었다. 학습장애나 정신질환 혹은 발달장애는 나타나지 않았다. 회계사인 아버지와 의류 위탁판매점에서 시간제로 일하는 어머니 밑에서 사랑을 듬뿍 받았다. 부모는 아들이 공부를 잘하길 바랐지만 과도하게 압박하진 않았다. 그렉은 평판 좋은 공립학교에 다니면서 사려 깊은 교사들의 지도를 받았다.

그런데도 심각한 문제가 생긴 것이었다. 그렉은 행복하지 않았다. 친구가 하나도 없었는데, 도무지 이유를 알 수 없었다. 누구도 그와 뛰놀고 싶어 하지 않는 것 같았다. 영화를 같이 보러 가자고 청하거나 피자를 함께 먹자고 하지도 않았다. 그렉은 외톨이가 되고 싶지 않았지만 어쩔 수 없었다. 부모와 교사들은 몹시 걱정되었고, 그렉의 심리평가를 받아보자는 데 합의했다. 이렇게 해서 동료인 마셜 듀크 Marshall Duke와 내가 그렉의 이야기에 관여하게 되었다.

우리는 그렉의 학교생활을 관찰하며 임상평가를 시작했다. 그렉은 쉬는 시간에 신나게 뛰노는 아이들 주변을 맴돌 뿐, 놀이에 참여하진 않았다. 다른 아이들은 선뜻 놀이에 끼거나 빠지는데, 그렉은 옆에서 멀거니 구경만 했다. 분명 끼고 싶은 눈치였지만 머뭇대기만 했고 결국 끼지 못했다. 그날 오후 늦게 우리는 그렉에게 반 친구들에 관해 물어보았다. 그러자 그렉은 이렇게 대답했다. "저는 아이들과 함께 있는 게 좋아요. 아이들도 저와 함께 있는 걸 좋아했으면 좋겠어요."

당시 그렉 또래의 아이를 둔 아버지로서 우리는 그 대답에 가슴이 찢어졌다. 또 임상심리학자로서 몹시 당혹스러웠다. 이런 문제를 겪는 환자가 그렉만이 아니었다. 몇이 더 있었다. 가령 루시라는 아이는 반 친구들에게 괴롭힘을 당했는데, 교사들과 부모는 도무지 영문을 알 수 없었다. 부모는 결국 루시를 전학시켰다. 제멋대로 구는 반 친구들과 무관심한 교사가 문제의 원인이라고 의심했기 때문이다. 하지만 새로운 환경에서도, 즉 반 친구들과 교사가 바뀌어도 별 차이가 없었다. 답은 다른 곳에 있었다.

그렉을 비롯해 또래 집단과 단절된 아이들에게서 지적, 신체적, 정서적 결함은 보이지 않았다. 그렇다면 무엇이 부족했을까? 이 아이들은 무엇을 잘못했을까? 동료와 나는 임상심리학자였지만, 과학 이론과 연구 방법론도 폭넓게 공부했다. 그 덕분에 문제의 원인을 찾아갈 수 있었다.

단서 찾기

우리는 미스터리 사건을 해결하는 수사관처럼 단서를 찾기 위해 광범위하고 성실하게 조사했다. 첫 번째 단서는 공립학교에서 '신경다양인neurodivergent(인간의 발달 과정 중 '전형적'이라고 여겨지는 양상과 형태에서 벗어난 행동적, 심리적, 신경적 특성이 있는 사람을 부르는 말-옮긴이)' 아동과 청소년을 위한 프로그램의 컨설턴트로 일하면서 찾을 수 있었다. 발달장애가 있는 아이들은 대체로 다른 아이들이 싫어하는 방식으로 행동하기 때문에 사회적 어려움을 겪었다. 십중팔구 비언어적 의사소통 기술이 부족해서 또래와 어울리지 못했다. 비언어란 표정, 몸짓, 신체 접촉, 어조, 주거니 받거니 하는 상호작용 리듬, 거리 유지 등 말 이외에 사용되는 온갖 소통 방법을 일컫는다. 발달장애가 있는 아이들은 흔히 시선을 마주치지 못하거나 대화 리듬을 맞추는 능력이 부족하고, 개인적 공간personal space(편안함을 느끼는 타인과의 거리-옮긴이)과 몸짓언어를 부적절하게 사용한다. 우리는 그렉과 루시 같은 신경전형인 아이들도 친구를 사귀고 그 관계를 유지하는 데 꼭 필요한 비언어기술이 부족해서 어려움을 겪는지 궁금했다.

그렉과 루시의 문제가 비언어적 의사소통과 관련 있을지도 모른다는 두 번째 단서는 심리치료실을 찾은 젊은 환자들과 상호작용하는 과정에서 찾게 됐다. 환자 대다수가 주먹을 꽉 쥐고 성난 얼굴로 치료실에 들어왔는데, 왜 화가 났느냐고 물으면 그들은 그 말에 놀라며 화나지 않았다고 답했다. 말로는 행복하거나 편안하다고 표현했지만, 몸짓과 표정은 전혀 다른 이야기를 하고 있었다. 나는 심리치료를 공부할 때, 미국 정신의학의 아버지인 해리 스택 설리번Harry Stack Sullivan 밑에서 훈련받았다. 설리번에 따르면, 타인과 소통할 때 무의식 중에 표정이나 행동이 말과 불일치하는, 즉 말로 어떤 감정을 표현하면서 비언어적으로는 다른 감정을 드러내는 이들은 친밀한 관계를 형성하기가 힘들다. 나는 이런 불일치가 내 환자들이 겪는 사회적 어려움의 한 요인인지 궁금했다.[1]

더구나 아이들은 비언어가 자신들의 말과 얼마나 상충하는지 인식하지 못했고, 그 점이 타인에게 미칠 수 있는 부정적 영향도 깨닫지 못했다. 다양한 아이들을 관찰하면서 얻은 온갖 정보가 퍼즐 조각처럼 딱딱 맞춰지면서 그렉과 루시 같은 아이들이 왜 어려움을 겪는지에 대한 명확한 그림이 그려지기 시작했다.

단서 꿰맞추기

내가 그렉과 루시를 처음 만났던 1990년대에는 발달장애나 정신질환, 학습장애가 없는 모든 아이가 비언어적 의사소통 능력을 타고난다고 여겼다. 기거나 걷는 것처럼 본능적으로 배우는 기술이라고 생각한 것이다.

비언어적 의사소통이라는 주제는 신문이나 잡지에 누군가 나를 좋아한다는 은밀한 신호를 포착하거나 내게 거짓말하는지를 알아차리기 위한 요령을 알려주는 기사로 가끔 등장했다. 비언어적 의사소통이 인간관계에서 중요하게 여겨지지는 않았다. 하지만 듀크와 내 생각은 달랐다.

우리는 표정과 어조에서 감정을 파악하는 능력을 측정해봤고, 점수가 낮은 아이일수록 친구를 사귀는 데 어려움을 겪고 자기 만족감도 떨어진다는 사실을 발견했다. 다시 말해, 얼굴과 목소리에서 비언어적 신호를 정확하게 포착하고 해석할 수 있으면 친구를 사귀고 사회적으로 성공할 가능성이 훨씬 더 컸다.

우리는 비언어능력과 사회적 성공 사이의 연관성을 계속 연구했고, 1992년엔 《겉도는 아이를 돕기 Helping the Child Who Doesn't Fit In》라는 책도 냈다. 그렉과 루시를 비롯해 또래와 잘 어울리지 못하는 아이들이 겪는 어려움을 다루기 위해 그간의 연구와 임상 관찰 결과를 집대성한 것이었다. 이 아이들은 친구들이 자신을 좋아해주길 간절히 원했지만, 노력하면 할수록 더 내쳐졌다. 우리는 책에 이렇게 썼다. "그들은 들어맞지 않는 퍼즐 조각과 같다. '겉도는 아이', '깍두기 신세', 팀에 맨 마지막으로 뽑히는 아이, 운동장 구석에 혼자 앉아서 친구들이 왜 자기를 안 좋아하는지 고민하는 아이들이다. 때로는 '멍청이', '괴짜', '별종' 같은 불쾌한 명칭으로 불리기도 하고, 아예 존재하지 않는 사람처럼 취급되기도 한다."[2]

우리는 사회적으로 어려움을 겪는 아이들이 흔히 비언어적 의사소통에 어려움을 느낀다는 매우 중요한 사실을 발견했다고 확신했다. 언론도 그렇게 생각한 듯했다. 우리는 〈오프라 윈프리 쇼〉에 초대받아 프로그램 내내 그간의 연구 결과를 설명했다. 또 〈굿모닝 아메리카〉와 〈투데이 쇼〉에 출연해 우리 아이디어를 전국의 시청자들에게 소개했다. 대니얼 골먼Daniel Goleman은 자신의 베스트셀러 《EQ 감성지능》에 우리를 자주 언급했다.[3] 미국심리학회American Psychological Association는 우리의 연구와 임상적 기여를 인정했고, 미국과 유럽(특히 영국)을 비롯해 전 세계 여러 학교에서는 사회적 어려움을 겪는 아이들에게 우리가 권고한 치료법을 시행해 긍정적인 결과를 얻기 시작했다.

우리 책의 목표는 아이들의 사회적 성공 여부를 결정짓는 중요한 요소에 부모와 교사, 언어치료사, 심리학자, 학교 행정가가 주의를 기울이게 하는 것이었다. 당시에 우리는 비언어가 사회생활에서 어떤 역할을 하는지 단서를 찾았을 뿐이었다. 그리고 그것은 시작에 불과했다.

우리는 세상이 바뀌어 아이들이 서로 교류하는 방식에도 영향을 미칠 거라는 사실은 인지했다. 하지만 기존의 방법론과 권고사항을 전면적으로 재검토하고, 부모와 교사는 물론, 아이들이 긍정적이고 건전한 관계를 형성하는 데 관심이 있는 모든 사람에게 새로운 조치를 촉구해야 할 만큼 세상이 급변할 거라고는 상상도 못 했다. 지금까지는 말이다.

이 책은 지난 20년 동안 비언어적 의사소통과 기술 개발에서의 가장 흥미로운 발전상을 보여주고, '사회적 성공의 언어'에 관한 최신 연구 결과를 소개한다. 아울러 부모, 교사, 양육자 모두가 아이들의 사회적 성공을 도울 수 있는 새로운 접근법을 제공한다. 지금은 이러한 접근법이 그 어느 때보다 절실히 필요하다.

위기에 처한 아이들

아이들이 비언어적 '관계의 언어'를 배우면 성공할 가능성이 더 커진다는 점에는 의심의 여지가 없다. 하지만 우리 아이들에게 이 놀라운 이점을 알려주기가 역사상 그 어느 때보다 어렵다. 세상사가 끊임없이 변해 상호작용 방식도 내가 어렸을 때와는 완전히 딴판이다. 그때만 해도 나는 시간 가는 줄 모르고 친구들과 동네를 자유롭게 쏘다녔다. 이웃 사람 모두 내 이름과 내 집을 알았고, 나를 웃으며 반겨주었다. 또한 조부모님과 삼촌, 숙모, 사촌들이 우리 집을 수시로 드나들었다. 나는 날마다 여러 사람을 만나 온갖 목소리와 태도, 몸짓, 리듬을 접하고 수많은 손길을 느꼈다. 이렇게 다양한 방식으로 소통하면서 내 감정을 다른 사람들에게 어떻게 알려야 하는지, 또 그들의 내면에서 벌어지는 일을 알아내기 위해 무엇을 살펴야 하는지 무수히 많은 사례를 경험했다.

안타깝게도 오늘날 아이들은 다양한 관계에 노출되기가 매우 어렵다. 핵가족 환경에서 친척들과 멀리 떨어져 살기 때문이다. 게다가 스크린이 우리 일상을 지배하게 되면서, 아이들은 복잡한 비언어적 의사소통을 배울 시간이 더 줄어들었다.

이 책을 쓰고 있는 2023년 현재, 우리는 글로벌 팬데믹의 한가운데 있다. 몇 년 전까지만 해도 전혀 상상할 수 없던 방식으로 아이들의 삶이 파괴되어 간다. 아이들의 심리적 행복을 지원하는 부모와 교육자와 각종 단체는 정신건강에 위기가 닥쳤다고 선언하고, 이 세대 아이들이 줌^Zoom 수업과 마스크 착용, 상기간 봉쇄로 사회적, 정서적 발달 기반을 잃었다며 몹시 걱정한다. 그런데 Z세대(1990년대 중반부터 2010년대 후반에 출생해 어렸을 때부터 IT기술을 많이 접하고 자유롭게 사용하는 세대-옮긴이)는 코로나19로 학교와 사회가 폐쇄되기 전부터 이미 스트레스를 극도로 받고 있었다.

2000년 이전까지는 아동의 외로움 지수에 대한 통계가 드물긴 하지만, 21세기 들어 소셜 미디어와 휴대폰, 인터넷 사용 증가로 소외감과 고립감을 느끼는 아동이 극적으로 늘었다는 사실을 우리는 알고 있다. 물론 다들 한두 번쯤 외롭거나 우울하다고 느낀다. 하지만 아이들이 경험하는 만성적 외로움은 심각한 사회적 결과를 초래할 수 있다.[4] 사람들과 의미 있는 관계를 맺는 데 거듭 실패하면 불안감과 우울증이 생길 수 있고, 그 실패에 집착하게 되면 실망과 좌절을 넘어 관계를 어렵게 만든다고 여겨지는 사람들을 향해 분노를 느낄 수 있다.

2021년에 처음으로 외로움에 대한 조사가 전국적으로 실시되었다. 팬데믹 이전이었는데도 모든 연령대에서 상당히 많은 사람이 외로움을 겪고 있었다. 특히 10~12세 아이들이 외로움을 가장 많이 느꼈고, 10명 중 1명 이상이 거의 언제나 외로움을 느낀다고 토로했다.[5] 당연한 일이겠지만 외로움의 급증으로 불안감과 우울증 발병률도 덩달아 늘어났다.

전국 아동건강 실태조사National Survey of Children's Health에 따르면, 2007년에는 (2~17세) 아동 100명 중 3명이 불안 관련 문제를 겪었다. 2016년에는 그 수가 2배 이상 증가하여 100명 중 7명을 웃돌았다. 우울증 발병률은 불안감만큼 급증하진 않았지만, 우울증에 시달린다고 보고한 아이들의 수가 2007년 100명 중 2명에서 2016년 3명 이상으로 50퍼센트 넘게 증가했다.

그걸로도 모자라, 2007년부터 2016년까지 10년 동안 품행장애conduct disorder로 진단받은 아이가 급격히 증가했다. 품행장애를 겪는 아이들은 가정과 학교에서 그리고 또래들과 있을 때 지속적으로 공격성을 보이고, 규칙과 사회 규범을 위반하는데, 규칙 위반에는 잘못된 행동 양식부터 체포로 이어지는 법 위반까지 두루 포함된다. 품행장애가 있는 아이들은 다른 아이들에 비해 또래와 어울리는 데 어려움을 겪고, 외로움을 호소하는 경우가 많다. 품행장애를 진단받은 아이의 수는 2007년 100명 중 3명에서 2016년 7명으로 급증했다.[6]

그러다 팬데믹이 닥쳤고, 안 그래도 심각했던 문제가 본격적인 위기로 확대되었다. 이는 앞으로 수년 동안 젊은이들에게 영향을 미칠 가능성이 크다. 2020년 〈랜싯Lancet〉에 실린 한 기사에서, 영국 심리학자 서맨사 브룩스Samantha Brooks와 동료들은 과거의 팬데믹이 어떻게 외상후 스트레스장애 증상, 혼란, 분노, 좌절, 시무함, 분리불안, 불확실성의 형태로 심리적 피해를 남겼는지 설명했다. 코로나19 대유행은 그 전철을 밟고 있었다.[7] 팬데믹이 장애 아동에게 미친 영향을 설명한 조안 호프Joan Hope의 기사는 당시 조 바이든Joe Biden 행정부의 교육부 차관보인 수잰 B. 골드버그Suzanne B. Goldberg의 메시지, 즉 지난 2년 동안 아이들에게 엄청난 스트레스와 압박이 가해졌다는 내용으로 시작된다. 2021년 7월 호프가 인용한 보고서 〈팬데믹 상황에서의 교육: 코로나19가 미국 학생들에게 미친 이질적 영향Education in a Pandemic: The Disparate Impacts of COVID-19 on America's Students〉에 따르면, 갤럽 설문조사에 참여한 부모 10명 중 약 3명이 자녀가 '정서나 정신건강에 해를 입고 있다'고 답했고, 45퍼센트는 교사나 학급 친구들과의 분리를 '중대한 도전'이라고 언급했다. 미국 전역의 교육자와 부모, 행정가 또한 학생들, 특히 홈스쿨링을 하는 학생들이 직면한 중대한 문제로 사회적, 정서적 행복을 거듭 언급했다. 한편 봉쇄와 사회적 고립으로 상당수 학생의 정신적, 정서적 행복이 훼손되면서, 아동과 청소년 사이에 자살 충동이 늘었다. 별 문제 없어 보이던 아이들조차 팬데믹 기간에 부정적 감정이 매우 높아졌다고 보고했고, 그들의 부모도 이를 수긍했다.[8]

팬데믹 기간에 미국 어린이들의 불안과 우울증 발병률은

다시 2배로 증가했다. 불과 2년 만이었다. 이전에는 10년이 걸렸었다.[9]

그런데 이는 미국만의 현상이 아니다. 2022년, 세계보건기구[WHO]는 날로 늘어나는 아동의 정신건강 문제가 전 세계적 현상이라고 보고하면서, 사회적 고립을 잠재적 원인으로 지목했다.[10] 중국에서 시행한 인상적인 연구에서, 연구원들이 한 달 조금 넘는 기간 동안(이는 미국 어린이들이 견뎌야 했던 기간보다 상대적으로 짧다) 봉쇄로 단절된 2330명의 학생을 표본 집단으로 조사했는데, 그달 말까지 5명 중 1명꼴인 20퍼센트 정도가 불안과 우울증 증상을 보고했다.[11]

팬데믹 기간 내내 나는 아이들이 집에 갇혀 지내면서 점점 힘들어한다는 이야기를 연이어 들었다. 위축되고 의욕을 잃어, 부모들 표현을 빌리면, '좀비'처럼 되어간다는 이야기도 들었다. 한 엄마는 딸이 '낮에는 물론 밤에도 늦게까지 틱톡[TikTok]만 들여다보기에' 휴대폰 사용 시간을 줄이려다가 진퇴양난에 빠졌다고 호소했다. 딸이 엉엉 울면서 휴대폰으로 사람들과 연결되어 있지 않으면 너무 외롭다고 항변했기 때문이다.

한편 팬데믹에 따른 스트레스는 사회적 기술이 부족한 아이들에게 더 큰 타격을 입혔다는 증거도 있다.[12] 팬데믹 기간 내내 교사들은 아이들에게 적절한 교과 교육과 사회성 교육을 하지 못하는 현실을 한탄했다. 그들은 의미 있는 방식으로 학생들과 연계되지 못해 좌절했다. 2022년에 한 연구원은 코로나19 봉쇄 이후 학교로 돌아온 학생들이 차례 기다리기와 친구 사귀기 같은 사회적 상호작용에서 어려움을 겪는 동시에, 말하기와 언어 학습 능력도 뒤떨어진다는 사실을 발견했다.[13] 에드위크 리서치센터 EdWeek Research Center가 2022년 1월에 실시한 전국 교육자 설문조사에서, 응답자의 39퍼센트는 "학생들의 사회적 기술과 정서적 성숙도가 2020년 팬데믹 이전의 학생들과 비교해 매우 낮다"고 답했다. 41퍼센트는 "조금 낮다"고, 16퍼센트는 "거의 비슷하다"고 답했다.[14]

나와 이야기했던 한 3학년 교사는 이렇게 힘든 시기에 학생들에게 그 어느 때보다 필요한 사회적, 정서적 도구를 줄 수 없어서 밤잠을 설친다고 했다. 그런데 그가 밤새 걱정하는 아이들은 사실 팬데믹 이전부터 어려움을 겪었다며 이렇게 말했다. "그 아이들이야말로 지난 2년 동안 이뤄진 괴상한 방식의 진정한 희생자다. 이들은 예전엔 길을 찾는 데 어려움을 겪는 정도였지만, 이젠 완전히 길을 잃어버린 것 같다."

나 역시 교육자로서 이런 스트레스와 좌절을 경험했다. 나는 대학생들을 가르치는데, Z세대인 그들 역시 어려움을 겪고 있다. 사회적, 정서적 발달이 뒤처진 어린아이들은 우리가 적극적으로 개입하지 않으면 대학생쯤 됐을 때 (그리고 그 이후에도) 이런 기술에 훨씬 더 많은 어려움을 겪을지도 모른다.

교사들은 만나면 일명 '팬데믹 판데모니움pandemic pandemonium' 즉, 팬데믹으로 인한 대혼란 사례를 자주 들려준다. 한 교사는 온라인 수업이 종료된 후 대면 수업에서 겪었던 일화를 들려주었다. 그는 과거에 자주 했던 대로 학생들을 모둠으로 나누고, 모둠별로 이동해 미리 설명해준 간단한 프로젝트를 함께 진행하라고 말했다. 그런데 아이들이 배정된 자리로 요란스레 가기는커녕, 제자리에 얼어붙은 듯 앉아 있었다. 교사가 자리를 옮겨 모둠에 합류하라고 일일이 말해야 했다. 또한 아이들은 모인 뒤에도 어떻게 협력해야 하는지를 전혀 몰랐다. 그들은 자기 얘기만 했고, 말다툼을 벌이고 불만을 쏟아냈다. 웃고 떠드는 모습은 눈 씻고 찾아봐도 없었다. 아이들은 팬데믹에 따른 지속적 고립과 스트레스로 친구들과 함께 공부하면서 즐기는 능력을 잃고 말았다.

그런데 이런 일들은 팬데믹의 결과로 점점 더 흔해지고는 있지만, 사실 팬데믹 이전 시대에도 벌어졌다. 이 말은 마스크 착용과 줌 수업 그리고 봉쇄로 기존의 문제가 더 악화되었을 뿐이라는 뜻이다. 아이들은 전에도, 지금도, 성장하는 데 필요한 사회적 기술을 제대로 배우지 못하고 있다.

코로나가 유행하기 전에도 아이들은 놀이터보다 웹 세상

에서 더 많은 시간을 보냈다. 함께하는 활동이나 대면 모임보다 문자메시지나 그룹 채팅으로 소통했다. 그렇게 이전 세대들보다 비언어기술을 익히는 데 필요한 상황과 상호작용에 훨씬 덜 노출되었다.[15] 스크린 사용에 관한 연구의 상당 부분이 청소년에게 초점이 맞춰지고 있지만, 최근에는 그보다 더 어린 아이들에게 미치는 부정적 영향도 중요하게 다뤄지고 있다. 라르스 빅스트롬Lars Wichstrøm 심리 실험실의 연구원들은 아이들을 4세부터 초등학생 때까지 추적 연구했고, 8세까지 스크린에서 더 많은 시간을 보낼수록 정서 지능 점수를 높게 받을 가능성이 적다는 사실을 알아냈다.[16]

대면 상호작용의 감소가 비언어능력에 미치는 영향을 과소평가해서는 안 된다. 2019년 UCLA의 학자 및 스토리텔러 센터Center for Scholars and Storytellers 교수인 얄다 울스Yalda Uhls가 12세 소녀들을 두 그룹으로 나눠 실시했던 여름 캠프의 연구 결과를 살펴보자. 한 그룹은 캠프 기간(5일) 동안 스마트폰을 소지했고, 다른 그룹은 그렇지 않았다. 캠프 전과 후, 또래의 표정에서 감정을 파악하는 능력을 검사했는데, 휴대폰을 소지하지 않은 그룹은 점수가 상당히 향상되었다(반면 휴대폰을 소지한 아이들은 그렇지 않았다). 단 5일간 스크린 사용 시간을 사람 대 사람의 시간으로 대체했을 뿐인데, 비언어기술이 향상된 것이다.[17]

젊은이들이 디지털 기기를 완전히 멀리하기란 현실적이지 않지만, 어떤 유형의 온·오프라인 경험이 사회적 존재로 성장하는 데 도움이 되고, 어떤 경험이 그런 성장을 방해하는지 신중하게 검토할 필요가 있다. 스크린이 아이들에게 미치는 영향에 대해서는 아직 알려진 바가 많지 않다. 그러나 아이들이 사람들과의 대면 상호작용으로 비언어기술을 배운다는 점과 스크린의 인터페이스로는 그런 기술을 덜 배우게 된다는 점은 확실히 알려져 있다. 대면 상호작용이 적을수록 학습 기회는 줄어든다. 그리고 비언어기술이 떨어지는 아이일수록 유년기와 그 이후에 사회적으로 성공하기가 더 어려울 것이다.

중대한 갈림길

아이들은 또래 친구들은 물론 자기 삶에서 중요한 어른들과 연결되어 있다고 느끼고 싶어 한다. 이는 기본적인 욕구다. 관계 맺기를 힘겨워하는 아이가 왜 이리 많은지 한마디로 설명하긴 어렵다. 하지만 사람들과 관계를 맺고 이를 돈독히 다지는 데 필요한 비언어기술이 약화되었다는 점을 가장 중요한 요인 중 하나로 꼽을 수 있다. 아이들은 듣거나 말할 때

적절히 눈 맞춤 하는 법과 대화 도중 아무 때나 끼어들지 않고 자기 차례를 지키는 법을 알아야 한다. 교실이나 운동장에서 얼마나 크게 말해도 되는지, 얼마나 가까이 서면 다른 사람들을 불편하게 하는지도 알아야 한다. 친구나 반 아이와 팔짱을 껴도 괜찮은 때와 그렇지 않은 때를 분간할 수도 있어야 한다. 다른 아이의 대화 리듬과 조화를 이룰 수 있어야 하고, 다른 사람의 표정과 어조에서 그가 전달하는 감정을 파악할 수 있어야 한다. 또한 어깨를 펴고 똑바로 서서 자신감을 보여주는 법, 친구가 말할 때 공감의 의미로 고개를 끄덕이고 미소 짓는 법, 소통하지 않을 때도 친근한 표정을 유지하는 법 등 사람들과 관계를 맺고 그 관계를 발전시키는 데 필요한 온갖 비언어기술을 익혀야 한다.

안타깝게도 오늘날에는 똑똑하고 학업 성취도는 높지만 비언어적 의사소통 능력이 제대로 발달하지 않은 신경전형인 아이가 점점 늘고 있다. 비언어능력이 없는 아이를 교실에 들여보내 친구를 사귀라고 하는 것은, 글자도 모르는 아이에게 책을 건네며 그 의미를 이해하라고 하는 것만큼이나 비현실적이다.

다행히 비언어는 나이에 상관없이 가르칠 수 있다. 이러한 기술은 아이에게 있느냐 없느냐 식의 이분법적으로 따질 문제가 아니다. 아이들은 연속선상에 존재한다. 다시 말해,

현재 비언어적 의사소통 기술 수준이 어떻든 간에 개선의 여지가 있다는 뜻이다. 아이들은 성장하며 성숙한 관계를 추구하면서 더 발전된 기술을 계속 습득해야 한다. 비언어기술은 뛰어나느냐 모자라느냐의 문제도 아니다. 아이마다 특정한 비언어기술을 습득하는 정도가 다르다. 예를 들어 표정을 읽는 데는 능숙하지만 어조에서 감정을 파악하는 능력은 떨어질 수 있고, 그 반대의 경우도 있다. 아이가 더 어렸을 때 제대로 배우지 못했다고 해서 평생 사회적 거부나 고립에 시달리게 되지는 않는다. 다만 따라잡기 위해 도움이 필요하다. 아이에게 무언가 '문제'가 있는 것도 아니다. 수학이나 읽기에 조금 뒤처질 때 학년 수준으로 올라가기 위해 도움이 필요하듯, 비언어능력도 또래보다 뒤처질 경우 가르침과 지도를 받으면 쉽게 따라잡을 수 있다.

아마도 당신은 이렇게 중요한 비언어기술을 아이에게 직접 가르칠 생각을 해본 적이 없을 것이다. 대다수 부모는 아이가 처음으로 단어나 문장을 말할 때 몹시 기뻐하면서 아이의 '언어적 기술'에 지나치게 집중한다. 아내와 나도 아들 앤디가 처음으로 단어를 말할 때 흥분했고, 이를 일기장에 기록해두기까지 했다(그 일기장을 여태 간직하고 있다). 그런데 비언어는 사회적, 정서적 발달에 중요한 이정표가 되는데도 불구하고, 아기가 처음으로 누군가의 목소리에 고개를 돌리거나 처음으로 무언가를 가리키거나 장난감을 차지하기 전에 자기 차례를 잘 참고 기다린 것에 기뻐하고 이를 기록하는 부모는 거의 없다. 학교에서 아이들은 맞춤법, 문법, 글쓰기 훈련을 받고, 자기 답이 옳은지 그른지 바로 피드백을 받는다. 하지만 초신성처럼 명확한 구두언어와 달리, 뉘앙스가 미묘한 비언어는 스스로 터득해야 한다. 비언어기술은 언어기술처럼 체계적이고 공식적인 방식으로 교육되지 않기 때문에 쉽게 뒤처질 수 있다.

비언어적 의사소통은 흔히 암암리에 이뤄진다. 그러다 보니 대다수 부모와 양육자는 아이의 비언어 습득에 자신들이 얼마나 강력한 영향을 미치는지 잘 모른다. 부모로서 당신은 아이들 주변에서 아무 말이나 함부로 하지 않을 것이다. 아이가 학교나 놀이터에서 그런 말을 쓸까 봐 우려되기 때문이다. 하지만 단조로운 목소리로 말하거나 축 늘어진 자세로 앉아 있거나 누군가의 말을 들을 때 고개를 끄덕이지도, 미소를 짓지도 않는 등 당신이 사용하는 비언어에 대해선 생각해본 적이 별로 없을 것이다. 그러한 표현 방식을 아이가 어떻게 받아들이고 모방하는지에 대해서도 생각해보지 않았을 것이다.

비언어기술에 관한 한, 세심하고 다정한 부모들도 아이가 뒤떨어진다는 사실을 전혀 눈치채지 못한다. 혹은 아이가 힘들어한다는 사실을 어느 정도 알고 있지만, 어떻게 도와줘야 하는지 잘 모른다. 하지만 다행히 비언어기술은 가르치기도 쉽고 배우기도 쉽다. 실제 연구 결과에 따르면, 조금만 의식하고 연습하면 완전히 숙달할 수 있다.

이 책은 아이들이 사회적, 정서적 기술을 갖추도록 돕는 과정에서 우리가 직면했던 가장 큰 도전 과제 두 가지를 다룬다. 하나는 대면 상호작용의 우선순위를 갈수록 떨어뜨리는 온라인 문화이고, 다른 하나는 사회적 발달에서 가장 중요한 시기에 아이들을 고립시키거나 마스크를 착용하게 한 팬데믹의 수많은 영향이다. 안타깝게도 이 두 가지가 함께 작용하여 아이의 비언어능력을 급격히 쇠퇴시키고 있다. 전 세계의 부모와 양육자와 교사는 알게 모르게 갈림길에 서 있다. 이젠 행동에 나서야 한다.

부모가 일차적으로 많은 도움을 줄 수 있다. 또한 교사를 비롯한 학교 관계자도 아이들에게 똑같이 중요한 역할을 한다. 학교는 아이들이 하루의 대부분을 보내면서 또래와 상호작용하는 곳이다. 교사들은 아이들을 주시하면서 사회적 학습을 위한 수많은 기회를 창출하고, 아이들이 비언어적으로 더 나은 의사소통 방법을 익히는 데 필요한 경험과 연습과 도움을 제공한다.

아이들이 비언어기술을 저절로 습득하리라고 기대해선

안 된다. 우리가 아이들의 비언어 교육에서 결정적이고 적극적인 역할을 할 수 있다. 이 책 전반에 아이의 비언어능력을 향상시키는 데 활용할 수 있는 간단한 요령과 활동을 담았다. 가령 아이들이 다른 아이들의 개인적 공간을 존중하는 법, 표정에서 감정 단서를 읽는 법, 적절히 접촉하는 요령, 자연스러운 대화 리듬을 찾는 법 등을 익힐 수 있게 도와줄 방법을 자세히 적었다. 이러한 교육 지침은 과학 이론과 연구로 뒷받침되었으며, 상당한 효과를 거두고 있다. 게다가 누구나 따라 할 수 있을 만큼 쉽다.

 누구나 처음엔 아이로서, 그다음엔 청소년과 청년으로서 세상에 나가 사람들과 관계를 맺어야 한다. 관계 형성 과정은 갈수록 복잡해지지만 궁극적으론 보람 있기 마련이다. 우리는 아이들이 이 과정을 순조롭게 헤쳐 나가도록 도와주어야 한다. 이 책을 쓰는 목적은 부모와 양육자와 교육자가 그 역할을 제대로 하도록 지원하는 것이다. 여러분은 이 책의 안내를 받아, 아이가 2년 넘게 팬데믹을 겪으며 잃어버렸던 사회적 기술을 회복하도록 도와줄 수 있을 것이다. 아울러 앞으로 직면하게 될 여러 도전 과제를 해결하는 데 필요한 더 발전된 기술도 개발하도록 도와줄 수 있을 것이다. 아이는 이러한 토대 위에서 유년기와 청소년기에 사회적, 정서적 성공을 거둘 가능성이 더 커질 테고, 성인이 되어서도 의미 있고 오래 지속되는 관계를 형성하여 행복하게 사회생활을 할 수 있을 것이다.

그렉과 루시의 사례처럼, 영문도 모른 채 친구를 사귀지 못했던 아이들도 조금만 연습하면 문제를 해결하고 삶을 개선할 수 있다. 이 책이 그들을 제대로 돕는 데 필요한 지식과 지침을 확실히 줄 것이다. 그렇게 되도록 하는 것이 내 유일한 사명이다.

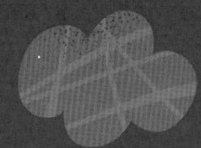

비언어적 의사소통

PART 1.

모든 어린이가 배우고 익혀야 하는 기술

THE LANGUAGE OF RELATIONSHIPS

관계의 언어

몇 년 전, 한 유치원에서 비언어적 의사소통의 중요성에 대해 강연을 한 적이 있다. 강연이 막 끝났을 때 한 어머니가 심란한 얼굴로 내게 다가와 네 살 난 아들 잭이 친구들과 잘 어울리지 못해 속상하다고 말했다. 교사들 말로는 아이가 특별히 못되게 굴거나 거칠진 않은데, 걸핏하면 친구들을 짜증나게 한다는 것이다. 나는 다시 그 유치원에 방문했을 때, 잭이 반 친구들과 어울리는 모습을 관찰했다. 잭에게는 확실히 또래 아이들을 화나게 하는 기질이 있었다. 특별히 험한 말을 하지는 않았다. 그보다는 비언어적으로 상호작용하는 방식에 문제가 있었다. 잭은 그야말로 '영역 침범자

invader'였다. 친구들과 소통할 때 너무 가까이 서 있었고, 점점 더 가까이 다가갔다. 그러다 보니 주변 아이들과 자꾸 부딪혀서 짜증을 유발했다. 하지만 자신이 일으키는 혼란을 알아차리는 것 같지 않았다.

나는 잭의 어머니가 이런 모습을 직접 보는 게 좋겠다고 생각했다. 그래서 다음번 방문 때 함께 잭을 관찰하자고 청했다. 아니나 다를까, 잭은 저번과 마찬가지로 친구들에게 불쑥불쑥 다가갔다. 친구들은 잭이 다가오는 모습을 보면 멀찍이 피하거나 아예 없는 사람처럼 무시해버렸다. 나는 상황을 함께 지켜보던 잭의 어머니에게 잭이 개인적 공간을 나타내는 암묵적 경계를 잘 모르는 것 같다고 설명했다. 잭의 어머니는 잭이 외아들이라 유치원에 다니기 전까진 아이들과 교류할 기회가 많지 않아서 이런 암묵적 규칙을 못 배웠나 보다고 인정했다. 나는 잭의 어머니에게 잭이 개인적 공간을 이해하고 존중하는 습관을 들이도록 도와줄 방법을 두어 가지 알려주었다. 아이를 의자에 앉히거나 마스킹 테이프로 바닥에 지름 1.2미터 정도의 원을 표시해서 그 안에 서 있게 하는 것이었다. 1.2미터는 사회적 상호작용에 적절한 거리이다. 일주일 뒤 다시 만났을 때, 잭의 어머니는 나를 반기면서 마스킹 테이프로 보이지 않는 공간 경계를 표시해줬더니 잭이 말귀를 쉽게 알아듣더라고 전했다. 잭과 어머니는 얼마나 가까이 또는 멀리 서 있어야 하는지를 아주 즐겁게 연습했다. 심지어 이웃집 아이까지 초대해서 '타인과의 적정 거리는 어떻게 될까' 게임을 하기도 했다. 실수를 인식하고 바로잡는 법을 직접 가르쳐주자 문제는 금세 해결되었다. 2주 뒤 유치원에 다시 갔을 때, 잭은 한결 밝은 얼굴로 친구들과 즐겁게 어울리고 있었다.

잭처럼 어떤 상황에 '제대로' 대처하지 못하는 아이가 의외로 많다. 그들은 남들이 자기를 좋아해주길 진심으로 바라지만 노력하면 할수록 상황은 나빠진다. 그들의 사회적 문제는 대체로 학습장애나 자폐증 같은 뚜렷한 장애 때문이 아니다. 비언어적 의사소통 기술을 익힐 기회가 별로 없어서 사회성이 떨어지는 것인데, 이 점은 쉽사리 간과된다. 흔히 학급에서 가장 똑똑하거나 재미있거나 매력적인 아이들이 인기 있을 것 같지만, 실제로는 친구들과 편하고 즐겁게 소통하는 법을 익힌 아이들이 인기가 많다.

심리학자들이 자주 접하는 아이들 가운데 유전적이거나 생물학적인 이유로, 또는 유아기에 정서적 충격을 받은 탓에 타인의 비언어적 신호를 해석하거나 자신을 비언어적으로 표현하는 데 몹시 힘겨워하는 경우가 꽤 있다. 이런 증상은 특히 자폐스펙트럼장애가 있는 아이들과 비언어적 학습장애를 진단받은 아이들에게서 뚜렷이 보인다. 듀크와 나는 심각한 비언어적 결함에 대해 디세미아^{dyssemias}라는 용어를 고안했다. 'dys'는 그리스어로 어려움을 뜻하고 'semia'는 신호를 뜻한다. 즉, 디세미아는 비언어적 신호를 처리하는 데 겪는 어려움을 나타내는 말이다.[1] 올바른 접근법으로 꾸준히 연습하면 디세미아가 있는 아이들도 사회적 상호작용의 질을 높여줄 비언어기술을 배울 수 있다. 현재 수준에 상관없이 모든 아이가 수학이나 읽기에 더 능숙해지는 것과 같은 방식으로, 비언어도 더 잘 활용하고 이해할 수 있게 된다.

다행히 잭의 이야기는 행복한 결말을 맞았다. 그런데 당시에도 그랬지만 지금도 여전히 궁금한 점이 있다. 그때 우리가 사회적으로 어려움을 겪는 원인인 비언어적 결점을 발견하지 못했더라면 잭은 어떻게 됐을까? 몇 달 아니 몇 년이 지나도록 친구들에게 거부당했다면 정서적으로 어떤 영향을 받았을까? 잭 같은 아이들 가운데 얼마나 많은 수가 상호작용에 필요한 비언어기술을 개발하지 못해 또래들과 어울리지 못하게 될까? 비언어적 의사소통이 엄청나게 중요한데 왜 우리 사회는 여전히 이를 제대로 인식하거나 파악하지 못하는 것일까?

생사의 문제

우리는 태어난 순간부터 숨을 거둘 때까지 주변 사람들과 관계를 맺는다. 인간관계의 중요성은 아무리 강조해도 지나치지 않다. 다들 알다시피, 안정된 기반 위에서 남들의 지지도 받고 성취감도 느끼려면 사람들과 끈끈하게 연결되어 있어야 한다. 돈이 많거나 머리가 좋거나 외모가 뛰어나더라도 관계 맺는 데 어려움을 느낀다면, 우리는 인생에서 힘든 시간을 보내게 된다.

사실 인간관계는 그야말로 생사가 걸린 문제이다. 유아는 영양을 충분히 공급받더라도 타인의 손길과 긍정적 표정, 다정한 목소리를 충분히 접하지 못하면 '성장 장애Failure to Thrive'가 생길 수 있다는 사실이 여러 연구에서 드러났다. 외부 자극이 부족하니까 뇌가 제대로 활성화되지 못해서 사회적, 정서적으로 건강하게 발육하지 못하는 것이다. 이러한 유아는 체중이 줄고 심하면 사망에 이르기도 한다.[2] 좀 더 긍정적인 관점에서 살펴보자면, 관계를 잘 맺는 사람들은 더 오래, 더 건강하게 살 가능성이 높다는 연구 결과도 있다.[3] 일례로, 심장 수술을 받은 환자들 가운데 행복한 결혼 생활을 영위하는 사람은 그렇지 않은 사람보다 생존율이 3배나 높다.[4] 회복력을 연구한 영국의 저명한 정신과 의사 마이클 러터Michael Rutter는 매우 어려운 환경에서 자란 아이들도 가족이나 학교나 지역사회의 누구 한 사람과 끈끈한 관계를 유지한다면 훌륭한 어른으로 자란다는 사실을 알아냈다.[5]

아무 관계도 맺지 않고는 오래 살 수 없다. 그리고 미국 정신의학의 아버지 해리 스택 설리번의 주장처럼, 인간관계의 혜택은 단순히 생존 문제에 그치지 않는다. 우리가 인간으로서 느낄 수 있는 가장 고통스럽고 두려운 경험 가운데 하나는 외롭다거나 버려졌다거나 타인과 단절되었다는 느낌이라고 설리번은 경고했다.[6] 작가이자 저널리스트 멜리사 페이 그린Melissa Faye Greene의 표현처럼, "친구가 하나도 없는 것과 좋은 친구가 하나라도 있는 것의 차이는 칠흑같이 어두운 방과 생일 케이크 촛불로 빛나는 방의 차이와 같다."[7]

설리번은 정서 발달에서 관계가 중요한 역할을 한다는 사실을 처음으로 강조한 주요 심리학자이자 이론가 중 한 명이다. 그는 사람들과 상호작용하는 방법이 행동과 성격을 결정하는 가장 중요한 요인이라고 주장했다. 설리번의 글이 나오기 이전에는, '정신적' 공간에서 벌어지는 일에 더 관심을 보였던 지그문트 프로이트Sigmund Freud의 견해가 지배적이었다.[8] 하지만 설리번은 프로이트의 심리 성적 발달단계인 구강기, 항문기, 남근기, 잠복기, 생식기를 강조하기보다는, 우리 성격이 삶의 과정에서 점점 더 복잡해지는 사회적 상호작용의 산물로서 발달한다고 믿었다. 설리번에 따르면, 아동 발달은 우리가 덜 복잡한 관계에서 더 복잡한 관계로 나아가면서 한 단계씩 발전하는 데 필요한 여러 관계 기술을 배우는 과정이다. 단계마다 고유한 기술이 필요한데, 비언어적 의사소통은 모든 단계에서 일관되게 중요하다.[9]

(우리가 경험하는 가장 강렬하고도 친밀한 관계 중 하나인) 부모와 자녀 간의 유대는 아이가 말문이 트이거나 말귀를 알아듣기도 전인 생후 1년 사이에 형성된다. 이는 비언어적 의사소통의 힘에 대한 증거이다. 실제로 유아들은 그러한 유대를 형성하도록 설계된 것처럼 보이는 일련의 행동을 취해, 양육자가 자기에게 관심을 기울이도록 유도한다.[10] 아기들이 생존에 필요한 온갖 자원과 음식, 주거지, 보호를 성인 양육자에게 전적으로 의존한다는 점을 고려하면, 이를 생존 본능survival instinct이라고 부를 수도 있다. 다른 많은 종이 새끼의 생존을 위해 '수의 힘strength in numbers' 전략을 채택한다. 알을 수천 개나 낳아 그중 몇 마리라도 우연히 살아남기를 바라는 것이다. 반면 인간은 대다수 포유류와 마찬가지로 자손의 생존 확보를 위해 다른 접근법을 취한다. 자손을 적게 낳는 대신, 다 살아남아서 번성하도록 많은 에너지와 시간과 관심을 쏟는다.

몇 년 전, 나는 에모리대학교의 저명한 발달심리학자이자 동료인 필립 로샤Philippe Rochat의 연구실에 들렀다가 이 개념을 다시금 상기하게 되었다. 당시 로샤는 미국의 심리학자 에드워드 트로닉Edward Tronick이 1975년 처음 수행했던 '무표정still face' 실험을 재현하고 있었다.[11] 트로닉이 연구를 시작할 때만 해도 유아들이 지속적으로 사회적 상호작용을 할 수 있는지에 대해 의견이 분분했다. 트로닉의 연구는 그러한 소통이 가능하다는 의견을 뒷받침했다.

이 획기적인 연구에서, 트로닉은 엄마들에게 8~12개월 된 아기들과 2~3분간 재미있게 놀아준 다음, 상호작용을 멈추고 가만히 있으라고 요청했다. 엄마들은 아기에게 미소를 짓거나 즐거운 목소리를 건네지 않고, 그저 말없이 무표정을 유지했다. 내가 찾아갔던 날, 로샤는 엄마들 대신 연구실 여성 보조원들과 트로닉 실험을 재현하고 있었다. 나는 젊은 여성과 아기가 웃으면서 즐거운 목소리로 소통하는 모습을 단방향 거울 뒤에서 지켜보았다. 신호가 떨어지자 실험 보조원은 갑자기 동작을 멈추고 입을 다물었다. 그런데도 아기는 미소 띤 얼굴로 옹알이를 계속했다. 하지만 여성이 아무 반응이 없자 곧 미소를 거두었다. 로샤는 내게 상호작용을 유도하는 아기들의 비언어를 무시할 수 있으려면 연구실 보조원들이 상당한 훈련을 받아야 한다고 말했다. 그 이유는 금세 알 수 있었다. 얼마 지나지 않아 아기는 다시 미소를 짓고 옹알이를 했다. 하지만 이번엔 그리 즐거워 보이지 않았다. 소통을 촉구하는 비언어적 간청이 또다시 무시되자 아기는 동작을 멈추고 시선을 돌렸다.

11개월 된 아기가 상호작용을 더는 유도하지 않겠구나 싶었는데, 다음 순간 아기가 뜻밖의 동작을 취했다. 고개를 뒤로 젖히고 보조원을 유심히 쳐다보다가 두 손을 들고 환하게 웃더니, 보조원에게 짝짜꿍 놀이를 하자며 손뼉을 치기 시작했다. 놀아달라는 아기의 간청을 무시하는 젊은 여성을 바라보면서 나는 화를 낼 뻔했다. 다행히 몇 초 지나지 않아 다른 신호가 떨어졌고, 실험 보조원의 얼굴에 환한 미소가 번졌다. 그와 동시에 아기는 다시 즐거운 상태가 되었다.

이 실험이 보여주듯, 유아들은 다른 사람을 자신과 상호작용하도록 이끌고, 상호작용을 유지하는 데 필요한 일을 뭐든 하려고 든다. 심지어 말을 할 수 있기 전에도 관계를 맺으려 애쓰고, 자신이 사용할 수 있는 비언어적 도구를 활용해 그 자리에 있는 사람, 심지어 완전히 낯선 사람과도 교류하려 노력한다.

아이들은 처음엔 생존 본능으로 관계를 추구한다. 하지만 자신의 니즈를 스스로 채울 수 있게 돼도 관계에 대한 욕구는 사라지지 않는다. 문제는 이 아이들이 조금 더 자라면 유아기에 잘 먹혔던 방법이 효과적이거나 적절하지 않다는 것이다(다섯 살 난 아이가 엄마의 관심을 끌기 위해 자꾸 까르륵까르륵 웃어댄다고 상상해보라).

아직 말을 못 하거나 어휘력이 부족한 유아에게 비언어가 얼마나 중요한지는 누가 봐도 분명하지만, 아이들이 말을 술술 하게 되면 비언어적 소통의 중요성은 금세 퇴색된다. 하지만 모든 관계의 토대인 감정을 교류하는 데는 비언어가 구두언어보다 훨씬 중요하다.

비언어적 의사소통 전문가인 앨버트 메라비언Albert Mehrabian이 지적하듯, 사람들 사이에 감정적 메시지는 그 의미의 7퍼센트만 말로 전달되고, 38퍼센트는 어조로, 55퍼센트는 몸짓언어로 전달된다.[12] 모든 연구자가 이 비율에 다 동의하지는 않지만, 아이들이 관계를 맺기 위해선 양쪽 언어를 능숙하게 구사해야 한다는 개념은 대부분 지지한다.

비언어를 개발하는 방법

주변 사람을 끌어당기는 재주가 있고 귀를 쫑긋 기울이게 하며 함께 있으면 기분이 좋아지는 사람을 다들 만나봤을 것이다. 이런 사람들은 행복해 보이고, 그들의 쾌활함은 주변 사람들에게 영향을 미친다. 당시엔 크게 의식하지 못할 수 있으나 우리가 이런 사람들에게 이토록 긍정적으로 반응하는 이유는, 그들의 따뜻하고 매력적인 표정, 이야기의 감정적 영향력을 높이고자 목소리를 조절하는 방식, 우리 쪽으로 몸을 살짝 기울이면서 우리 말에 열심히 고개를 끄덕이는 행동과 크게 관련이 있을 것이다. 그들은 그러한 행동을 통해 우리를 이해하고 좋아하며 우리와 더 깊은 관계를 맺고 싶어 한다는 사실을 알리고, 우리도 그들에게 똑같이 느끼도록 유도한다. 이들은 말로 표현하지 않고도 이 모든 일을 한다.

이것이 바로 당신의 아이가 성장했을 때 할 수 있기를 바라는 일이다.

기본적인 읽기와 쓰기, 산수가 훗날 더 복잡한 지적, 수학적 학습의 기초가 되듯, 비언어적 기본 기술은 더 발전된 감정적, 사회적 기술의 토대가 된다. 따라서 어린 시절에 기초를 튼튼히 쌓아야, 어른이 되어서 건전하고 만족스럽고 지속 가능한 인간관계를 구축할 수 있다.

우리가 돕는다면, 아이들은 비언어적 의사소통을 더 능숙하게 구사하는 데 필요한 기술을 배울 수 있다. 배움은 나이에 상관없이 아무 때나 시작할 수 있다. 어릴수록 좋지만 너무 늦은 시기는 없다. 아이들이 비언어기술을 개발하도록 도와주고 싶다면, 발달 초기 단계부터 이러한 기술이 어떻게 습득되는지 이해해야 한다.

유아기(출생~2세)

첫 번째 단계는 출생에서 2세까지의 시기이다. 이 단계는 구두언어가 개입되면서 끝난다. 유아기에는 당연히 아이의 소통 기술이 전적으로 비언어적이다. 앞에서 살펴봤듯이, 유아들은 자신이 갈망하는 관심과 돌봄을 얻는 데 도움이 될 만한 일련의 행동을 타고난다.

유아들이 부모나 양육자와 나누는 의사소통은 비교적 간단하다. 유아들은 불편하거나 배고프면 울고, 부모는 이를 해결해주고자 반응한다. 신호가 먹히면, 즉 다른 사람들에게 일관되고 긍정적인 반응을 끌어내면, 유아들은 두어 달 만에 자신의 행동이 자기에게 벌어지는 일과 연결된다는 사실을 인식할 것이다. 자기 행동이 긍정적이거나 부정적인 결과를 가져온다는 인식은, 그들이 성장하면서 점점 더 중요해질 인간관계의 주고받기give-and-take를 이해하는 토대가 된다.

유아들은 주변 사람들이 자기 행동에 반응한다는 사실을 인식하면서, 주변에 보이는 얼굴과 몸, 들리는 목소리가 자신과 분리되어 있음을 감지한다. 이는 '자신'과 '타인'을 구별하는 계기가 된다.

이로써 우리가 살면서 개발하는 첫 번째이자 아마도 가장 중요한 관계인 애착관계attachment relationship의 토대가 형성된다. 유아들은 생후 1년 동안 신체적, 인지적, 정서적으로 빠르게 성장하지만, 유아와 양육자 사이의 애착관계는 전적으로 리듬, 표정, 어조, 개인적 공간, 접촉이라는 비언어 경로를 통해 형성된다.[13]

설리번은 유아들이 소중한 사람들의 반사적 평가reflected appraisal를 통해 남들과 분리되어 있다는 사실뿐만 아니라 남들에게 긍정적으로 보이는지 부정적으로 보이는지도 알아차릴 수 있다고 믿었다. 만약 양육자들이 민감하게 반응하고 잘 웃고 행복해한다면, 유아들의 초기 자아상은 긍정적일 가능성이 크다. 하지만 양육자들이 자꾸 슬퍼하거나 분노하거나 불안해하면서 유아들의 간청을 무시하면, 유아는 부정적 자아상을 개발할 수 있다.

처음에 유아들은 신체적으로 필요한 니즈를 제공해주는 양육자와 유대감을 형성하기 위해 타고난 비언어능력을 모두 활용한다. 그러다가 2세쯤 되면 풍부한 사회적 상호작용을 경험하고, 그 결과 더 풍부한 비언어를 개발하게 된다. 대다수 어른이 아이들과 상호작용할 때 계속 구두언어를 사용하겠지만, 의사소통은 그 구두언어를 쓸 때의 어조와 강도, 성량과 리듬 같은 비언어에 여전히 무게가 더 실릴 것이다.

유년기 초기(2~4세)

2세에 시작되는 유년기 초기에 세 가지 중요한 발달이 이루어진다. 첫째, 구두언어가 기존의 비언어와 결합돼 아이들은 새로운 방식으로 주변 세상을 이해하고 관계를 맺게 된다. 둘째, 아이들은 자기들이 보내거나 받는 비언어적 메시지를 의식적으로 인식하기 시작한다. 셋째, 아이들의 세상이 확장된다. 특히 보육시설에 다니게 되면서 비언어적 학습 기회도 덩달아 늘어난다.

이 단계가 시작되면, 부모는 새로운 단어를 배우라고 격려하고 싶은 마음이 들면서도, 한편으론 특이한 유아어를 비롯해 지난 2년 동안 아이와 공유했던 비언어에서 멀어지는 게 아쉬울 것이다. 나도 겪어봐서 그 심정을 잘 안다. 내 아들은 어렸을 때 마음에 들지 않는 걸 '치키chicky'라고 불렀다. 기념품이나 비밀암호처럼 우리끼리만 통하던 특이한 단어들을 선뜻 버리기 어려웠다. 그런 표현은 곧 남들도 다 쓰는 단어로 대체되었다. 그런 단어들이 가족의 울타리를 넘어 누구와도 소통할 수 있는 수단이었기 때문이다.

어린아이의 부모로서 당신은 아마도 아이의 구두언어를 형성하는 데 상당한 시간과 노력을 기울였을 것이다. 가령 단어의 정확한 발음을 거듭 들려주고, 맞는 문법을 적용해서 문장을 다시 말해주고, 유아어의 양을 줄여나갔을 것이다. 부모는 아이가 새롭고 풍부한 어휘를 사용하기 시작하면 상당히 흐뭇해하고, 혹시라도 새로운 의사소통 방식을 익히는 데 느리면 당황하기도 한다.

이 단계에서는 더 정교한 형태의 비언어적 의사소통 기술도 학습된다. 아이들은 뇌와 신경계가 성숙해지면서 온갖 비언어 경로로 더 미묘한 신호를 처리하고 내보낼 수 있게 된다. 이 나이가 되면 때맞춰 '성난' 표정을 지을 수 있고, 당신의 표정과 어조를 기초로 당신이 화내는지 기뻐하는지 감지할 수 있다. 또한 다른 비언어 경로로 자신이 보내거나 받는 메시지를 더 잘 인식한다. 가령 포옹이 애정을 의미한다는 사실을 어렴풋이 이해하고, 부모의 리듬을 흉내 낼 수도 있다.

하지만 아이가 일단 '말하기' 시작하면, 비언어적 의사소통은 대체로 무시된다. 부모는 아이의 말문이 트였다는 사실에 흥분해서 아이가 보내는 비언어적 메시지에 주의를 덜 기울이게 되고, 그 결과 아이의 니즈를 덜 알아차리게 된다. 즉 아이가 말로 안아달라고 요청하는 법을 배웠다 싶으면, 아이가 말로 청하지는 않지만 안기고 싶어서 보내는 비언어적 신호를 놓치곤 한다.

이 단계에서는 사회성도 생긴다. 부모로서 당신은 아이가 또래나 다른 어른들과 상호작용하면서 비언어기술을 확장할 수 있게 놀이 모임을 마련할 것이다. 이러한 모임에서 아이들은 어른들 간의 대화 같은 더 광범위한 상호작용을 관찰할 기회를 가진다. 아이들은 이러한 경험을 통해 직계가족에게서 접했던 것보다 더 다양한 표정과 어조, 공간 사용 등 여러 비언어적 정보를 접할 수 있다. 모든 것이 착착 진행된다면, 아이들은 놀이를 통해 그리고 부모와 양육자와 교사의 세심한 행동 교정을 통해 사회적 상호작용의 기본기를 익힐 것이다. 이러한 기술은 다음 단계를 위한 토대가 된다. 이제 아이들은 별 도움 없이 학교에서 이러한 상호작용을 해나가야 한다. 이 단계는 유년기 후기에 형성될 관계를 위한 일종의 리허설로 볼 수 있다.

유년기 후기(5~10세)

지금까지는 타인과 어떻게 관계를 맺어야 하는지에 대한 정보와 지식의 출처가 주로 부모와 양육자였다. 하지만 정규 학교 교육이 시작되는 유년기 후반기에 접어들면, 아이들은 이 보조 바퀴를 떼고, 이제 별다른 지침 없이 또래와 관계 맺는 법을 배워야 한다. 이전 단계에서 배우고 연습한 것을 드디어 시험해볼 때다.

물론 아무런 감독과 지도 없이 새로운 인간관계 기술을 배우기가 굉장히 어려울 수 있다. 아이들은 별안간 완전히 새로운 비언어적 어휘에 둘러싸이게 된다. 당연히 상당수가 집에서 접했던 어휘들과 다를 것이다. 몸짓과 목소리가 큰 가정에서 자란 아이들은 또래와 교사의 미묘한 메시지를 놓칠 수 있다. 반대로 감정을 강하게 드러내지 않는 가정의 아이들은 놀이터에서 또래가 장난으로 고함을 질러도 화낸다고 오해해 겁먹을지도 모른다. 이런 메시지를 제대로 해석하는 법을 배우기까지 시행착오를 거칠 것이고, 불가피하게 실수도 저지를 것이다.

이 미로를 무사히 헤쳐 나간다면, 아이들은 멋지고 특별한 관계를 얻게 된다. '절친'이 생기는 것이다. 이 관계는 유년기 후기의 가장 중요한 이정표라 할 수 있다. 대개 10~11세 무렵에 형성되고, 다 그렇진 않지만 대체로 동성 간에 이뤄진다. 이 관계를 통해 아이들은 신뢰와 배려를 탐색하고 다질 수 있으며, 자신이 어떤 사람인지, 또 타인과 어떻게 관계를 맺는지 통찰할 수 있게 된다.

설리번의 표현대로 '단짝'이 되면, 둘은 더 큰 사회집단과 분리되어 지나칠 정도로 붙어 지내면서 공통 관심사를 탐색하고 반 친구들이나 주변 어른들에 대해 논의한다. 때로는 자신의 가장 내밀한 생각과 비밀도 공유한다. 이 우정은 매우 중요하다. 두 아이는 의식하든 안 하든 서로 의지하며 인간관계에서 어떻게 행동하는지에 대한 피드백을 얻게 된다. 설리번은 이 과정을 '합의적 검증consensual validation'이라고 불렀다. 두 사람 모두 자유롭게 소통하는 과정에서 자신의 행동을 더 잘 인식하게 되기 때문이다. 단짝은 서로에게 사회적 상호작용과 사회적 행동을 연습할 소중한 기회는 물론, 그 상호작용에서 자신이 무엇을 잘하거나 잘못하는지에 대한 정보도 준다. 아울러 처음으로 자신보다 타인의 니즈와 욕구를 우선시하게 되는 것도 이 특별한 관계에서 엿볼 수 있는 특징이라고 설리번은 말한다. 이러한 경험은 청소년기에 접어들어 더 복잡한 우정뿐만 아니라 낭만적 및/또는 성적 관계를 추구하기 시작할 때 매우 중요하게 작용한다.

관계의 구조: 4단계 모델

앞서 살펴봤듯이, 아이가 더 어릴 때 부모가 아이의 사회생활에 많은 통제권을 행사한다. 아이가 어디에서 누구와 얼마 동안 상호작용할지 죄다 부모가 정하기 마련이다. 아이가 학교에 다닐 나이가 되면 상황이 바뀐다. 누구를 친구로 삼을지, 친구와 얼마 동안 함께 있을지, 그 시간을 어떻게 보낼지 등을 대부분 아이 스스로 결정한다(물론 교사들이 중요한 역할을 할 수도 있다). 학교는 아이들이 좋은 우정을 형성하기 시작하는 장소지만, 때로는 무심코 보내거나 잘못 이해한 비언어적 메시지 때문에 거절과 고립을 경험할 수도 있는 장소이다.

유년기 후기부터 아이가 형성하는 우정은 죄다 일정한 패턴을 따른다. 이 패턴은 듀크와 내가 1980년대에 처음으로 체계화했는데, 아이가 자라서 형성하게 될 관계의 틀이 된다. 아이들은 먼저 우정을 쌓을 만한 후보를 선택하고, 관계를 시작하고, 그 관계를 심화한다. 그리고 하교할 때나 주말이 다가올 때, 학기나 학년이 끝날 때와 같이 특정한 사회적 상황이 마무리될 때 관계의 전환을 겪는다. 관계의 각 단계에서 비언어기술을 사용해야 하며, 일부 기술은 특정 단계에서 더 중요한 역할을 한다. 유년기 후반에 우정이 형성되고 발달되는 패턴을 이해하면, 아이가 잘하고 있는 점과 타인과 의미 있는 관계를 맺기 위해 더 배워야 할 점을 파악하는 데 도움이 된다.[14]

① 선택

선택 단계는 모든 관계의 출발점이다. 연구에 따르면, 아이는 누구를 친구로 사귈지 순식간에 결정한다. 아이가 어떤 아이에게 다가가겠다고 결정할 때 복장, 표정, 자세 등 비언어적 신호에서 수집한 정보를 활용한다는 뜻이다.

아이가 더 어릴 때 부모는 아이의 놀이 친구를 선택하면서 그 이유를 설명해주면 좋다. 예를 들어 부모는 놀이 모임에 어떤 아이를 초대하면서 이렇게 말할 수 있다. "네가 라비와 즐겁게 놀 것 같구나. 라비는 어른들 말씀을 잘 듣고 장난감을 사이좋게 갖고 놀거든." 이렇게 정보를 공유하면, 아이는 부모의 선택 이유를 이해할 수 있고, 부모가 자기에게 무엇을 기대하는지도 알 수 있게 된다.

아이는 학교에 다닐 나이가 되면, 이미 친구를 선택하는 법을 웬만큼 알고 있을 것이다. 당신의 아이가 등교 첫날 모르는 아이들로 가득 찬 운동장에 서 있다고 상상해보자. 아이는 함께 놀 누군가를 찾고 싶어 한다. 왼편에는 몇몇 남자아이들이 공놀이를 하고 있다. 그러다 공이 아이 쪽으로 굴러온다. 그린베이 패커스Green Bay Packers 미식축구팀 모자를 쓴 아이가 달려와 공을 집어 들면서 미소를 짓는다. 그 다정한 미소에 아이는 놀이에 끼라는 권유를 받았다고 생각한다. 그래서 미소를 지으며 패커스팀 모자를 쓴 남자아이 쪽으로 걸어간다. 아이는 새로운 친구를 사귀기로 선택했다.

② 시작

다음은 관계를 시작하는 단계이다. 아이는 새 친구를 따라가서 그가 다른 남자아이 셋과 공놀이하는 모습을 지켜본다. 아이는 공놀이가 잠시 중단될 때까지 기다렸다가, 기회가 오자 웃으면서 말한다. "안녕, 내가 껴도 될까?" 다른 아이들이 재빨리 자신들을 소개하자 아이는 이렇게 말한다. "나도 패커스팀 팬이야. 집에 패커스팀 모자도 있어. 내일 쓰고 올게."

패커스팀 모자를 쓴 남자아이가 이렇게 말한다. "기온이 영하로 뚝 떨어졌을 때 패커스팀이 이겼던 날 기억나니?" 아이는 흥분하면서 경기장이 얼음판 같았다고 말한다. 곧이어 다섯 남자아이가 즐겁게 놀기 시작한다.

다섯 살 난 아이가 운동장에서 새로운 또래를 만나는, 얼핏 단순해 보이는 상호작용도 비언어적 행동과 언어적 행동이 수반되는 어려운 일이다. 아이는 참을성 있게 기다리면서 놀이의 흐름을 파악하고, 끼어들 적절한 순간을 선택했다. 놀이를 방해하지 않으면서 그들의 개인적 공간을 존중한 것이다. 자신을 소개할 땐 다정하게 웃으면서 눈을 맞췄다. 그런 다음 놀이에 바로 끼지 않고 먼저 '가벼운 대화'를 나누었다. 우리는 이러한 상호작용이 엉뚱한 방향으로 흘러가는 상황도 다양하게 상상해볼 수 있다.

시작 단계에서는 이렇게 비언어 경로와 언어 경로를 통해 사회적 정보의 진정한 주고받기가 이루어진다. 아이는 이제 미지의 관계 속으로 훌쩍 뛰어들었다. 처음으로 자신의 쇼를 진행하고 있다. 이 잠재적 관계를 성공적으로 시작할지 말지는 전적으로 아이에게 달렸다.

③ **심화**

모든 일이 순조롭게 흘러가면, 아이의 우정은 발달 초기 단계에선 거의 불가능했던 방식으로 심화될 것이다. 즉 이 단계에서는 우정이 흔히 공동 활동을 중심으로 순식간에 깊어진다. 심화된 관계의 특징으로는 신뢰, 자기 노출$^{\text{self-disclosure}}$, 수용, 상호 이해 등이 있다. C. S. 루이스$^{\text{C. S. Lewis}}$의 말대로, 우정은 한 사람이 다른 사람에게 "뭐! 너도? 나만 그런 줄 알았어!"라고 말하는 순간에 생긴다.

우정이 깊어지는 과정에 주고받기가 많이 수반되는데, 상당 부분 비언어로 이뤄진다. 한 사람이 말할 때 다른 사람은 말로만 반응하는 게 아니라 표정과 몸짓과 어조로도 반응한다. 아이는 뭔가를 털어놓고 나서 친구가 어떻게 반응하는지 살핀다. 친구가 고개를 끄덕이거나 미소를 짓거나 격려하는 몸짓을 하면 아이는 계속해도 된다고 판단한다. 시간을 함께 보낼수록 상대의 생각과 느낌을 전달하는 비언어적 신호에 더 익숙해진다. 아이들은 같은 물리적 공간을 점유하고 같은 리듬을 공유하기 시작한다. 둘이 바짝 붙어 있거나 웃으면서 팔짱을 끼고 걷는 모습이 자주 목격된다.

④ 전환

몇몇 아이가 심화 단계에서 어쩌다 어려움을 겪기도 하는데, 전환 단계에선 거의 모든 아이가 긍정적으로 대처하는 데 어려움을 겪는다. 유년기 후기에는 이러한 전환을 생각보다 자주 겪는다. 학교 수업이나 놀이 모임이 끝날 때가 그렇다. 학년이 끝날 때 또는 캠프 마지막 날처럼 더 큰 전환을 겪기도 한다. 아이가 이사하거나 전학하는 경우도 마찬가지다. 몸싸움이나 언쟁으로 어느 한쪽이나 양쪽 모두 절교를 선언하는 경우도 있다.

전환은 괴롭긴 하지만, 각각의 전환은 새로운 시작이 된다는 사실을 기억해야 한다. 어른이 된 후에도 전환의 경험은 여전히 불편할 수 있다. 그래서 우리는 흔히 그 경험으로 얻을 수 있는 특별한 정보를 고려하지 않고, 어떻게든 서둘러 매듭지으려 한다.

학기말 열 살 난 지나와 일라나에게 벌어지는 일을 상상해보자. 이들은 짝꿍이었다. '둘도 없는 절친'은 아니지만, 둘의 유대는 학기 내내 깊어졌다. 그래서 다음 학기가 시작될 가을까지 못 보게 되자 마음이 울적하다. 두 친구는 책상을 치우면서 지난 학기에 관해 이야기한다. 서먹했던 첫날은 물론, 과학 박람회, 현장학습 등 인상적인 사건들을 떠올린다. 둘은 항상 즐거웠던 건 아니라고 인정한다. 어쩌다 다툰 적도 있었다. 특히 현장학습을 갔을 때 일라나가 지나를 팀원으로 뽑지 않아 지나가 몹시 토라진 적이 있다.

책상 정리를 마치고 선생님 검사를 통과하면 집으로 돌아가야 한다. 둘은 수줍게 각자의 책가방에서 선물을 꺼내 건넨다. 그런 다음 손을 꼭 잡고서 각자 타고 갈 통학버스를 향해 걸어간다. 이제는 헤어질 때가 되었다. 보통 때 같으면 떠들썩하게 행동하지만 오늘은 조용하고 차분하다. 그러자 작별의 포옹이 더 의미 있게 보인다. 아이들은 잠긴 목소리로 다시 만날 때까지 즐겁게 지내라고 말한다. 전환은 과거를 돌아보고 관계가 어떻게 발전했는지 뚜렷한 패턴을 볼 수 있게 되는 중요한 단계이다. 다른 사람과의 유대를 어떻게 선택하고 시작하고 심화했는지를 되돌아보면 다음 관계에 적용할 소중한 교훈을 얻을 수 있다. 관계가 복잡하고 중요할수록 그 관계에서 더 많이 배우게 된다.

…

앞에서 살펴봤듯이, 비언어적 의사소통은 아이 삶의 모든 단계에서 친밀한 우정을 발전시키는 데 핵심 역할을 한다. 아이가 사회적으로 어려움을 겪고 있다면, 그 어려움을 이겨내는 데 필요한 비언어를 습득하도록 어떻게든 도와주어야 한다. 다음 장에서 살펴보겠지만, 그 방법은 의외로 쉽고 간단하다. 하지만 그전에 이토록 중요한 비언어기술이 무엇인지, 왜 자꾸 구두언어 학습보다 뒷전으로 밀려나는지 정확히 이해해야 한다.

THE SIX TYPES OF NONVERBAL COMMUNICATION

여섯 가지 유형의 비언어적 의사소통

일상생활에서 누구나 비언어를 사용하지만, 사용 방법과 이유를 생각하느라 많은 시간을 보내는 사람은 별로 없다. 다른 언어와 마찬가지로, 비언어를 유창하게 구사하려면 자신을 명확하게 표현하고 남들이 말하려는 내용을 이해하며 주어진 상황에서 자기 의사를 가장 적절하게 표현할 방법을 결정할 수 있어야 한다. 그런데 구두언어와 달리 비언어적 의사소통은 대부분 무의식적으로 이뤄지기 때문에 걸핏하면 무시되거나 대단치 않게 여겨진다. 비언어적 의사소통은 제2부에서 더 자세히 살펴볼 여섯 가지 주요 범주로 나눌 수 있다. 일단 맛보기로 기본 사항부터 살펴보자.

기본 사항

① **리듬: 몸짓을 통해 그리고 대화의 상호작용 안에서 다른 사람에게 반응하는 속도**

리듬은 다른 사람들과의 모든 상호작용을 뒷받침한다. 상대가 말을 마치는 순간까지 기다릴 때 또는 거의 동시에 손을 내밀고 악수할 때, 우리는 본능적으로 리듬을 이용해 상대에 대한 존중을 표현하고 상대가 우리를 편안하게 느끼게 한다. 누군가와 대화를 나눌 때, 대화가 자연스럽게 흘러가는 경험을 다들 해봤을 것이다. 이는 당신이 상대방과 조화로운 리듬을 공유했다는 뜻이다.

반면에 자기 차례를 기다리지 않고 상대방 말에 끼어들면 무례해 보이고 대화가 어색해질 수 있다. 만약 당신이 누군가와 대화를 시작했는데, 상대방이 말하기 전에 뜸을 들이거나 반대로 너무 빨리 말하거나 단답형으로 대답한다면 당신의 리듬은 흐트러질 것이다. 서로 주고받는 리듬이 원활하지 않으면 매우 어색한 사회적 상호작용으로 이어질 수 있다.

② **표정: 감정을 전달하기 위해 눈, 입, 눈썹, 이마를 사용하는 방식**

우리는 말 한 마디 없이 표정으로 생각과 느낌을 드러내 낼 수 있다. 당신이 열정적으로 보이면 남들도 열정적으로 반응한다. 당신이 불행해 보이면 사람들은 당신이 괜찮은지 확인하려 들 것이다.

팬데믹 기간에 다들 마스크를 쓰고 소통하는 게 얼마나 어려운지 절감했다. 대화는 활기를 잃었고, 구두와 눈만으로 메시지를 전달하는 데는 훨씬 더 많은 노력이 필요했다.[1]

③ 개인적 공간: (우리가 초대하지 않는 한) 다른 사람들이 침범하지 않기를 바라는 영역

파티에서 모르는 사람이 당신에게 너무 가깝게 서 있다고 상상해보라. 당신은 물리적 경계가 침범되었다고 느끼고 물러설 것이다. 우리는 대부분 타인의 개인적 공간을 본능적으로 인식하고, 자신의 개인적 영역으로 생각하는 곳에 낯선 사람이 들어오면 불편해한다.

팬데믹의 고통 속에서 우리는 모두 개인적 공간을 훨씬 더 잘 인식하게 되었고, 자신과 다른 사람들 사이에 거리를 두는 데 익숙해졌다. 이러한 습관은 지금도 남아 있다. 우리가 타인의 개인적 공간을 존중하면 말 한 마디 하지 않고도 그들의 니즈에 반응하는 셈이라 상대는 자연스레 우리를 편안하게 느끼게 된다.[2]

④ 신체 접촉: 우리가 의도하든 안 하든 다른 사람들과 너무 가까워져서 몸이 닿는 것

적절한 경우, 신체 접촉은 당신이 다른 사람에게 느끼는 따뜻함을 굉장히 효과적으로 전달하는 방법일 수 있다. 부모는 흔히 접촉을 통해 아이를 달랜다. 다정하게 안거나 손을 꼭 잡아서 아이의 두려움을 덜어준다. 하지만 접촉이 문제를 일으킬 수도 있다. 상대방과 친밀해지고 접촉이 합의에 따라 적절히 이뤄졌다고 느껴지지 않는다면 신체 접촉은 다른 사람의 신체 자율성을 침해하는 것으로 볼 수 있다. '접촉'이 우연히 일어날 때도 마찬가지다. 접촉 당한 사람이 접촉한 사람의 '의도'를 모르기 때문이다.

친밀해지기 전에 누군가가 당신의 등을 토닥이거나 어깨에 팔을 두르거나 포옹하면, 그 접촉이 우연히 일어날 때조차 당황스러울 것이다. 공식적 악수와 어우러진 포옹도 그렇다. 상대방이 우정의 정도를 오해하고 악수하면서 포옹까지 해버리는 고전적 실수를 다들 경험해봤을 것이다.

⑤ 발성: 말하는 성량과 높낮이, 속도, '음…'이나 '아…' 같은 소리 등 언어 이외의 온갖 음성 의사소통 수단

너무 빠르거나 느리게, 너무 낮거나 높은 소리로 말하는 사람과 대화하려면 꽤나 힘들다. 웅얼거리거나 너무 작게 소곤거리는 사람과 대화를 계속하려면 귀를 쫑긋 세우고 신경 써서 들어야 한다. 또 말하면서 '음…'과 '아…'를 너무 많이 곁들이는 사람과 대화할 때도 진이 빠질 수 있다. 그리고 상대가 따발총 쏘듯이 빠르게 말하거나 너무 큰 소리로 말하면, 어떻게든 그 사람에게서 벗어나고 싶어질 수 있다. 반면에 편안한 성량과 높이로 말해서 우리가 애써 신경 쓰지 않아도 상대의 말을 잘 알아들을 수 있으면, 우리는 그들이 말하는 내용 뒤에 숨겨진 의미에 더 주의를 기울일 수 있고, 결과적으로 그들에게 더 긍정적으로 반응하게 된다.

⑥ 보디랭귀지: 무언가를 전달하거나 강조하기 위한 신체(특히 손) 움직임(자세는 물론, 의상과 장신구, 향수, 화장, 문신 등 감정이나 지위를 표현하는 것들도 포함)

감정을 표현하기 위해 혹은 요점을 전달하기 위해 손을 사용하는 사람들은 일반적으로 상대의 마음을 끌면서 대화를 주도한다.[3] 몸짓은 말하는 내용을 강조하고 상호작용을 촉진하여 화자가 개방적이고 친근하며 열정적으로 보이도록 도와준다.

반면 팔짱을 끼고 말한다면, 마음이 편치 않다는 인상을 줄 수 있다. 심지어 경계하는 듯한 인상과 차가운 느낌을 줄 수도 있다.

자세는 보디랭귀지의 또 다른 중요한 측면이며, 멀리서도 포착할 수 있는 유일한 비언어적 신호다. 두 팔을 옆구리에 느슨하게 붙이고 똑바로 서 있으면, 더 자신감 있고 편안하게 보일 것이다. 심지어 몇 미터 떨어진 곳에서도 그렇게 보인다. 당연히 그런 사람에게는 긍정적으로 반응할 가능성이 크다.[4] 이번엔 10대 아이들이 의자에 축 늘어져 앉아 있는 교실을 떠올려보자. 그들 모두 수업에 무관심하다고 느끼진 않겠지만, 그들의 몸짓언어는 수업이 너무 지루해서 얼른 끝나길 바란다는 메시지를 강하게 드러내고 있다.

장신구는 취향과 선호도와 기분, 심지어 우리가 동일시하는 집단이나 하위문화 등 우리의 정체성과 관련하여 다른 사람들에게 강력한 메시지를 전달할 수 있다. 예를 들어 비즈니스 업무에 적합한 복장을 하고 면접장에 가는 사람은 가죽 재킷에 금속 장신구를 많이 착용하고 록 콘서트에 가는 사람과 매우 다른 메시지를 전달한다. 하지만 두 경우 모두 자신이 어떻게 인식되기를 바라는지에 대해 명확한 신호를 보내고 있다. 아이들 사이에서도 장신구는 관심사를 공유하는 또래나 자신과 어울릴 것 같은 집단을 식별하는 수단이다. 따라서 타인에게 소외감을 느끼게 하거나 거리감을 줄 수도 있다.

구두언어와 비언어의 유사점과 차이점

지금까지 다양한 유형의 비언어를 살펴보았다. 이제는 (두 가지 주요한 의사소통 방식인) 구두언어와 비언어가 어떻게 비슷한지, 그리고 더 중요하게는 어떻게 다른지 살펴보도록 하자.

구두언어와 비언어는 적어도 네 가지 주요한 특징을 공유한다.

① 둘 다 학습된다

아기들은 눈을 뜬 순간부터 구두언어와 비언어를 습득하기 시작해 자라는 동안 계속 학습을 이어간다. 두 언어 모두 학습 과정은 일반적 순서를 따르며, 두 순서 모두 아이의 진행 상황을 반영하는 고유한 발달 이정표가 있다.

태어난 첫해에 아이의 발달 이정표는 미소를 짓거나 손가락으로 가리키거나 손을 흔드는 등 대부분 비언어적인 것들이다. 아이는 고개를 끄덕이면 좋다는 뜻이고 흔들면 싫다는 뜻이라고 배운다. 자기에게 미소를 짓거나 격려하는 어조로 말하거나 엄지손가락을 치켜세우는 사람은 기분이 좋은 상태라는 점을 깨닫는다. 자기에게 화난 사람은 얼굴을 찌푸린다는 점도 알게 된다. 1년이 지나면, 아이가 말한 첫 단어, 첫 문장, 이름으로 물건을 요청하는 순간 같은 언어적 이정표에

모두의 시선이 쏠린다. 시간이 지나면서 아이는 어휘가 늘고 더 복잡한 문장을 구성하고 결국엔 읽기 능력도 발달한다. 한편, 아이의 비언어적 어휘도 계속해서 발달한다. 하지만 언어적 이정표처럼 환호받지는 못한다.

비언어적 의사소통이 학습되듯, 비언어적 어휘도 학습될 수 있다. 아울러 아이가 잘못 발음한 단어를 바로잡아주듯, 너무 큰 소리로 말하거나 형제자매를 방해하거나 놀이 친구와 부딪치는 행위도 바로잡아줄 수 있다.

② 둘 다 대단히 복잡하다

구두언어의 주요 구성 요소는 단어이다. 영어에는 단어가 대단히 많다. 영어는 단어가 세계에서 가장 풍부한 언어 중 하나이며, 《옥스퍼드 영어사전》 2판에는 17만 1476개나 되는 항목이 수록됐다. 비언어도 복잡하긴 마찬가지다. 비언어적 의사소통의 영향력 있는 이론가인 레이 버드휘스텔Ray Birdwhistell에 따르면, 인간의 움직임에 관한 연구, 즉 버드휘스텔이 '동작학kinetics'이라고 일컫는 것으로 수천 개의 서로 다른 신호를 식별할 수 있다.[5] 유명한 언어학자 마리오 페이Mario Pei는 한 걸음 더 나아가, 인간이 비언어적 소통의 단서로 작용하는 신체 신호를 70만 개 이상 만들어낼 수 있다고 추정했다.[6]

행복, 슬픔, 분노, 두려움, 혐오, 놀라움 등 다양한 감정적 단서가 비언어적으로 전달될 수 있다는 사실을 생각하면 그럴 법하다. 아울러 이러한 단서가 높거나 낮은 강도로, 또 그 중간의 어떤 강도로도 전달될 수 있다는 사실을 생각해보라. 그뿐만 아니라 이러한 감정적 단서는 표정, 어조, 몸짓, 자세 등 다양한 비언어 경로로 동시에 전달될 수 있다. 변화무쌍한 비언어적 신호를 이해하고 숙달하는 일은 결코 사소한 과업이 아니다. 구두언어의 숙달만큼이나 아이의 사회적, 학업적 성공에 중요하다.

③ 둘 다 이해하고 표현하는 능력으로 구성된다

부모는 아이의 읽기, 쓰기, 맞춤법, 말하기 능력과 관련해서 상당히 고심한다. 언어적 기술은 다른 사람의 말과 글을 이해하는 기술과 다른 사람에게 말로 자신을 표현하는 기술로 나눌 수 있다.

그런데 대다수 부모가 아이의 비언어능력이 얼마나 좋은지와 관련해선 별로 신경 쓰지 않는 듯하다. 비언어기술은 언어기술과 정확히 같은 방식으로 분류될 수 있다. 즉 (자신을 표현하기 위해 비언어적 단서를 사용하는) '표현력'과 (비언어적 단서를 읽는) '수용력'으로 나뉜다. 구두언어의 경우와 마찬가지로, 비언어적 단서를 읽는 능력은 그 단서를 표현하는 기술과 별개이다. 가령 아이가 독해에는 어려움을 겪지만 복잡한 문장을 구성하는 데는 아무 어려움도 느끼지 않는 것과 마찬가지로, 다른 사람의 표정을 읽는 데는 능숙하더라도 자신의 감정을 얼굴로 표현하는 데 어려움을 느낄 수 있다. 반대로, 자신의 감정을 비언어로 표현하는 데 상당히 능숙하더라도 또래 아이들의 표정과 어조, 몸짓으로 전달되는 감정적 정보를 읽고 이해하는 데는 그다지 능숙하지 않을 수 있다. 두 가지 기술 유형 모두 중요하다. 화난 사람의 표정을 슬픔으로 잘못 해석한다면, 화난 사람에게 어떻게 행동해야 하는지 알아봤자 아무 소용이 없을 것이다.

다행히 아이가 비언어적 단서를 해석하는 데 어려움을 겪는다고 해서 그 단서를 사용하는 데도 어려움을 느낀다는 뜻은 아니다. 다양한 이유로 나이와 상황에 맞게 적절한 숙련도를 갖출 기회가 없었다 하더라도, 아이들은 대부분 비언어기술의 수용력과 표현력을 완벽하게 배울 수 있다.

④ 둘 다 문화에 의해 형성된다

문화마다 고유한 구두언어가 있듯이 고유한 비언어도 있다. 미국인과 일본인이 인사하는 방식을 생각해보자. 일본인은 보통 고개를 숙여 인사하는데, 서양식으로 악수할 때도 손은 가볍게 잡고 눈은 마주치지 않는다. 손을 단단히 잡고 눈을 똑바로 바라보는, 다소 공격적인 미국식 관행과 대비된다.

내 동료 가운데 프란스 드 발Frans de Waal은 세계적으로 유명한 영장류 학자인데, 여러 언어를 구사한다. 교수진 가운데 영어 이외의 언어로 자기 연구를 발표할 수 있는 몇 안 되는 사람이다. 나는 드 발이 영어 이외의 언어로 누군가와 대화하는 모습을 관찰할 기회가 있었다. 그 덕에 구두언어마다 고유한 비언어가 수반된다는 사실을 상기할 수 있었다. 예를 들어 그는 네덜란드어나 독일어로 말할 때 이탈리아어나 프랑스어로 말할 때보다 자세가 더 곧고 몸짓을 덜 사용한다. 그런데 외국어를 배우는 사람들은 대부분 그에 수반되는 비언어 사용법을 배우지 못한다. 그들은 두 가지 언어를 구사하긴 하지만, '단일 동작uni-kinesic'을 한다. 모국어의 비언어만 사용하는 것이다. 반면 드 발은 여러 언어를 구사하면서 그에 맞는 동작을 한다.

온갖 유사점에도 불구하고, 구두언어와 비언어는 다양한 방식으로 다르다. 이러한 차이는 언어 기술이 뒤떨어지는 아이들이 감정적으로나 사회적으로 힘들어하는 이유를 이해하는 열쇠가 된다.

① 우리는 비언어를 어떻게 사용하는지 구두언어보다 덜 의식한다

일반적으로 자신의 말이나 글은 매우 의식하지만, 자신이 비언어로 표현하는 방식이나 다른 사람들에게 받는 비언어 신호를 해석하는 방식은 그만큼 의식하지 않는다. 그래서 (앞서 만났던 잭처럼) 어떤 아이들은 자신의 비언어적 실수를 알아차리지 못하고, 그런 실수에 다른 아이들이 어떻게 반응하는지, 왜 그렇게 반응하는지 알아차리지 못한다. 그런 이유로 비언어 문제를 구두언어의 문제보다 진단하기가 더 어려운 것 같다.

더구나 대다수가 상대의 비언어 실수에 자신이 왜 그렇게 반응하는지 항상 인식하지는 못한다. 우리는 누군가와 대화를 나누다가 상대방이 말을 너무 길게 멈추면 좌절감을 느끼지만, 그 감정의 원인을 파악하지 못할 수 있다. 다른 사람들의 비언어 실수를 알아차리고 명확히 말해줄 수 있는 드문 경우에도, 예의상 지적하지 않기도 한다. 예를 들어 누군가가 우리에게 너무 가까이 다가오거나 우리를 너무 빤히 쳐다본다면, 불편하다고 대놓고 말하기보다는 그냥 그 사람에게서 벗어나는 식이다.

그 결과, 아이들은 비언어 실수를 저질러도 필요한 피드백을 제대로 받지 못한다. 그들은 관계를 맺으려는 시도에서 무언가 잘못되었다고 감지할 순 있지만, 그게 정확히 뭔지는 알지 못한다. 설사 알더라도 그 상황을 어떻게 개선해야 할지 모른다. 그런데도 관계를 맺으려고 애쓰면서 다른 아이들을 불편하게 하는 실수를 계속 저지른다면, 그들은 결국 사회적으로 소외되거나 '괴짜'나 '별종'으로 낙인찍힐 수 있다.

감정이 비언어 경로로 어떻게 전달되는지에 대한 인식이 부족하면, 사회적 적응과 정서에 문제가 발생할 수 있다. 아동기에서 청소년기로 넘어갈 때는 특히 그렇다. 누군가 적절히 개입하지 않으면, 낮은 인식은 더 심각한 문제로 이어질 수 있다.

② 비언어는 구두언어보다 더 지속적이고 무의식적이며, 잠시도 멈추지 않는다

비언어적 행동은 항상 이뤄지고 있다. 우리 의도와 무관하게, 말할 때도 침묵할 때도 계속된다. 말을 다 마친 후에도 우리는 계속 움직이면서 자세와 몸짓과 표정으로 신호를 보낸다. 나는 강연하면서 가끔 이러한 비언어의 특성을 언급한다.

"지금 저만 떠들고 있는 것 같지만, 여러분도 앉아 있거나 스트레칭을 하거나 눈을 굴리거나 하품을 하거나 주변을 둘러보는 식으로 저와 소통하고 있습니다. 여러분은 그걸 멈출 수 없고, 저는 그 영향을 받지 않을 수 없네요."

내가 이렇게 말하는 순간, 진기한 일이 벌어진다. 다들 바싹 얼어붙는 것이다. 사람들은 똑바로 앉아서 눈도 깜빡이지 않으려고 애쓴다. 그러다 보니 작은 움직임도 큰 소음을 만들고 만다. 사람들은 내가 방금 묘사한 방식으로 소통하지 않으려고 최선을 다하지만, 몸이 따르지 않다 보니 책상이나 의자에서 삐걱거리는 소리가 계속 들린다.

세계적으로 유명한 심리치료사 폴 와츠라비크Paul Watzlawick는 우리가 비언어적으로 소통하지 않을 수 없다고 주장했다.[7] 비언어적 의사소통의 비자발적 특성과 그러한 소통이 흔히 의식 밖에서 일어난다는 사실을 고려한다면, 아이들이 어째서 자기도 모르게 계속해서 비언어 실수를 저지르는지 쉽게 이해할 수 있다.

③ 비언어는 구두언어에 비해 덜 직접적이고 덜 체계적으로 학습된다

아이들은 학교에서 의도적이고 공식화된 방식으로 음성언어와 문자언어를 사용하도록 배운다. 학생들은 철자 시험을 보고 작문 숙제를 하며 오류를 알게 된다. 잘못 답한 부분을 다시 하라고 지시받기도 한다. 아이들이 발표할 때, 교사는 발음과 문법과 기타 실수를 바로잡아준다. 왜 이렇게 하는지 누구 하나 의문을 제기하지 않는다. 다들 읽고 쓰는 법을 배우는 것이 아이의 정규 교육에서 중요한 요소라고 받아들인다.

이와 대조적으로, 교육자들은 교실에서 비언어를 가르치는 데 별로 시간을 할애하지 않는다. 아이들은 '슬픔'을 나타내는 올바른 표정을 파악하고 이것이 '분노'의 표정과 어떻게 다른지 답하는 과제를 하거나 시험을 보지는 않을 것이다. 친구들 옆에 어느 정도 가까이 서야 하는지, 교사의 질문에 답할 때 얼마나 오랫동안 눈을 맞춰야 하는지에 관한 퀴즈도 없을 것이다.

이러한 기술은 글을 쓸 때 각각의 문장부호를 어떻게 사용하는지를 아는 것만큼 중요하지만, 교육 과정에서 거의 다뤄지지 않는다.

④ 비언어는 구두언어보다 더 본능적인 반응을 일으킨다

누군가가 이메일에서 맞춤법을 틀리거나 비유를 잘못 사용하는 등 언어 규칙을 어기면, 우리는 흔히 대수롭지 않게 여긴다. 그런 실수를 이해하고 단순한 부주의 탓으로 돌리기 때문이다. 하지만 비언어 규칙을 따르지 않으면, 가령 영화관에서 스크린이 잘 보이는 빈자리가 많은데도 낯선 사람이 굳이 당신 옆에 앉으면, 당신은 이를 감정적感情的으로 처리하고 직관적直觀的으로 반응할 가능성이 크다. 즉 그 낯선 사람을 이상하거나 위협적으로 간주하고 멀찍이 떨어져 앉을 것이다.

⑤ 비언어와 구두언어의 감정적 메시지가 서로 상충될 때, 우리는 비언어를 진실로 받아들이는 경향이 있다

비언어적 의사소통은 암암리에 이뤄지긴 하지만, 실제론 대단히 강력하다. 흔히 구두 의사소통보다 더 강력하다. 누군가에게 잘 지냈냐고 물었는데, 그가 슬프고 떨리는 목소리로 잘 지냈다고 대답한다면, 당신은 그 말보다 어조로 전달되는 것을 믿을 가능성이 크다. 그와 마찬가지로, 파티에서 당신과 수다를 떠는 사람이 무척 즐겁다고 말하면서도 30초마다 시계를 힐끔거린다면, 그가 그 자리를 벗어나고 싶어한다는 비언어적 메시지를 받게 될 것이다. 구두언어와 비언어의 부조화는 다른 사람들에게 보내는 강력한 감정적 메시지를 의식하지 못하는 아이에게 셀 수 없이 많은 문제를 일으킬 수 있다.

…

앞에서 살펴봤듯이, 비언어는 구두언어의 파트너로서 정보와 감정을 전달할 때 모든 면에서 구두언어만큼이나 복잡하고 유용하다. 앞으로 여러 장에 걸쳐 비언어에 대해 살펴볼 것이다. 아울러 아이가 비언어에 숙달하도록 도와줄 방법도 배우게 될 것이다.

조용한 오케스트라

PART 2.

(관계라는 아름다운 연주를 위해) 비언어의 벽 파헤치기

오전 10시, 나는 무대 위 높다란 단상에서 객석을 내려다보고 있었다. 객석엔 교사, 언어치료사, 심리학자, 정신과 의사를 비롯해 여러 전문가와 학부모들이 앉아 있었다. 나는 캘리포니아대학교 데이비스 캠퍼스에서 열린 이 콘퍼런스에서 아이들의 사회적 적응에 관해 기조연설을 하기로 했다. 그런데 무대에 앉아 있다 보니 마음이 영 편치 않았다. 청중과의 거리가 너무 먼 데다가 내 몸 대부분이 단상에 가려졌다. 비언어적 의사소통의 중요성을 강연하려고 그 자리에 섰는데, 청중이 내 비언어를 볼 수 없고 나도 그들의 비언어를 볼 수 없었다. 그래서 나는 무대 기술 담당자에게 휴대용 마이크를 달라고 요청해서 내 옷깃에 채운 다음, 객석 높이까지 계단을 내려갔다. 청중과 가까워지자, 비언어를 더 효과적으로 사용해 메시지를 전달하고 청중의 비언어 단서도 잘 포착할 수 있었다.

나는 가능한 한 많은 사람과 소통하기 위해 객석 한쪽에서 다른 쪽으로, 앞에서 뒤로 왔다 갔다 하며, 비언어적 의사소통 채널과 관계 형성 과정에서 각 경로가 미치는 영향을 설명했다.

비언어의 구성요소들은 오케스트라의 연주자들과 매우 비슷하다. 개별 연주자들이 악기를 능숙하게 다루면서 다른 연주자들과 박자와 강도를 딱 맞춰야 하듯이, 각 비언어적 요소도 풍부하고도 공감 가는 메시지를 전달하기 위해 다른 요소들과 조화를 이뤄야 한다.

연주자들이 부지런히 연습하는 것처럼, 아이들도 선택, 시작, 심화, 전환 등 관계의 각 단계에 숙달될 때까지 각각의 비언어 도구를 갈고닦아야 한다. 연주자가 작품이 점점 더 어렵고 복잡해질수록 더 많이 연습하듯, 아이들도 나이가 들며 늘어나는 사회적 복잡성에 대비해 비언어 도구를 능숙하게 다루도록 충분히 익혀야 한다. 당신이 아이들의 비언어기술 개발을 잘 이끌 수 있게 이어지는 장에서 비언어적 의사소통 오케스트라의 여러 도구를 자세히 설명할 것이다.

각 장은 특정 비언어적 의사소통의 경로와 기원, 학습 방식 그리고 나이에 따라 바뀌는 중요도를 소개한다. 아울러 해당 경로가 아이들의 우정 발전에 미치는 영향을 설명하고, 아이들의 현재 수준을 측정하는 방법과 그 수준을 높이는 데 도움이 되는 방법을 다룬다. 특별히 관심 가는 비언어 경로에 대한 장으로 넘어가고 싶을 수도 있겠지만, 어떤 것도 단독으로 작동하지 않는다는 사실을 잊지 말자. 각 경로는 오케스트라의 악기들처럼 다른 경로들과 조화를 이루며 작동한다.

리듬

은밀한 비언어 경로

나는 조지아주 남부에 있는 작은 학교의 3학년 교실에서 여덟 살 난 이소벨을 처음 만났다. 교사들은 이소벨의 분열성 행동disruptive behavior을 걱정했고, ADHD와 자폐스펙트럼장애를 포함해 여러 가능성 있는 진단을 부모에게 내비쳤다. 그런 이유로 나는 학교에 방문해 아이를 평가해달라는 요청을 받았다. 이 학교의 학생들은 나중에 중학교에서 경험하게 될 잦은 교실 이동에 미리 대비하고, 분위기도 전환하고자 하루에 두 번씩 교실을 바꿨다. 수업 종료를 알리는 벨이 울렸을 때, 나는 아이들이 복도로 나가려고 준비하는 모습을 지켜보았다. 다른 학생들이 재빨리 물건을 정리하고 책상 뒤에 서서 이동 지시를 기다리는 데 비해, 이소벨은 빈둥거리다 책상 옆에 마지막으로 섰고 교실에서 제일 늦게 나갔다. 그런데 이소벨은 복도에 나오자 다른 아이들보다 더 빨리 걸었고, 자기 앞에 서 있던 아이들을 넷이나 밀치고 나갔다. 교사들이 "이소벨, 줄을 서야지!"라고 말하자, 이소벨은 멈춰서 원래 있어야 할 곳으로 돌아갔다. 줄 서서 다른 교실로 이동할 때는 앞뒤 학생들보다 너무 느리게 걸어서 흐름에 지장을 주었다.

다음 교실에서도 이소벨은 계속해서 또래들과 보조를 맞추지 못했다. 학업 성적은 괜찮은 편이었지만, 자기 이름이 불리지 않으면 단체 지시를 좀체 따르지 않았다. 같은 지시를 거듭 알려줘야 했다. 그렇다고 공격적이거나 비협조적이지는 않았다. 단지 무언가를 해야 할 때와 안 해야 할 때를 잘 모르는 것처럼 보였다. 예를 들어 다들 한곳으로 이동해 바닥 매트에 앉으라고 지시받았을 때, 이소벨은 느릿느릿 움직여서 제일 늦게 그곳으로 갔고, 뒤늦게 아이들 틈으로 끼어들다 보니 이미 앉아 있던 아이의 손등을 밟았다.

이소벨은 운동장에 나가서도 이미 진행 중인 게임이나 놀이에 뒤늦게 합류하려 했다. 하지만 자꾸 뒤처지다 보니 놀이에서 배제되었다. 이소벨은 놀이에 끼고 싶어 했지만, 자신의 타이밍이 문제를 일으킨다는 사실을 의식하지 못하는 듯했다. 그러다 어떤 활동에 간신히 참여하게 되었고, 웬만큼 따라가는 것 같았다. 아이들은 대체로 이소벨을 받아주면서도 게임이 지연되면 신경질적인 반응을 보였다.

나는 수업 시간과 쉬는 시간에 이소벨을 관찰한 후, 일대일로 만나서 몇 가지 테스트를 했다. 한 평가에서, 리듬 스틱 두 세트를 꺼내 이소벨에게 한 세트를 건네며 나와 맞춰서 연주하라고 말했다. 이소벨은 잘 해내지 못했다. 이소벨이 스틱을 두드리는 소리는 매번 나보다 먼저 나거나 뒤에 났다. 일련의 테스트를 마치고 이소벨의 파일을 죽 훑어보니, 뭐가 문제인지 보였다. 이소벨은 리듬이라는 비언어 경로와 씨름하고 있었다. 그래서 주변 학생들의 속도에 맞추는 데 그토록 어려워했던 것이다. 이소벨은 교실의 '박자'를 따라가지 못했다. 하지만 더 중요한 문제가 있었다. 내 눈엔 이런 리듬 문제가 명백히 보였는데, 이소벨은 자신의 실수를 전혀 의식하지 못하는 것 같았다.

아이들은 학교에서 잘 지내려면 교실의 리듬과 또래의 리듬에 맞추는 법을 배워야 한다. 하지만 모든 비언어적 의사소통이 그렇듯, 리듬도 간접적으로 학습되기 때문에 모든 아이가 같은 속도로 배우지는 못한다. 어떤 아이들은 다른 아이들과 보조를 맞춰 움직이는 게 어려울 수 있다. 피아노 위에 놓인 메트로놈도 고장 날 수 있듯이, 리듬을 타고난 사람들도 인생에서 벌어지는 갑작스러운 일에 당황할 수 있다.[1]

학교 상담은 주로 또래들과의 '리듬에서 벗어난' 아이들을 관찰하는 일에 할애된다. 이런 아이들이 예외 없이 사회적 상황에서 어려움을 겪기 때문이다. 그들은 또래들과 원활하게 소통하는 데 필요한 차례 기다리기를 못하는 경향이 있다. 언제 말을 멈추고 귀 기울여야 하는지 모르니 대화와 상호작용이 금세 악화된다. 그들은 점심을 너무 일찍 혹은 너무 늦게 먹는다. 너무 일찍 먹으면, 아직 먹고 있는 아이들을 짜증나게 하는 행동을 시작할 가능성이 크다. 다른 아이들이 다 먹은 후에도 계속 먹는다면, 관계 형성에 매우 중요한 식후 사교활동의 기회를 놓치게 된다. 한 활동에서 다음 활동으로 전환하고, 한 반에서 다른 반으로 이동하는 일이 그들에게는 쉽지 않다. 다른 아이들이 미술 활동을 마치고 다음 활동을 준비하는 동안에도 그들은 여전히 스케치북에 종이를 오려 붙이고 있다. 아이 20~30명을 동시에 통솔해야 하는 교사는 너무 빠르거나 느리게 움직이는 아이 때문에 매번 애를 먹는다. 자꾸 지적하다 보면 언성이 높아지기도 한다. 결국 아이는 무엇을 잘못했는지도 모른 채 위축되고 자신감을 잃게 된다.

교사의 중요한 역할 중 하나는 건전한 사회적 상호작용과 학습에 필요한 리듬을 설정하는 것이다. 초등학교에선 특히 그렇다. 팬데믹으로 대면 교육이 불가능해지기 전까지만 해도 초등 교사들은 대체로 교실에서 이소벨 같은 아이를 한두 명 정도 상대했다. 그런데 수개월 동안 원격 학습을 하고 난 뒤, 대면 수업에서 '이소벨 같은 아이'가 기하급수적으로 늘어났다. 안 그래도 리듬에 어려움을 겪던 아이들은 또래들보다 훨씬 뒤처지게 되었고, 팬데믹 이전에는 리듬에 문제가 없었을 아이들마저 걷잡을 수 없게 되었다.

리듬을 못 맞춰 어려움을 겪던 아이가 집에 머물며 오히려 여유를 찾았다면서, 학교 폐쇄의 긍정적 효과를 주장하는 부모도 있다. 그러한 아이들이 어려움을 겪지 않은 건 사실이다. 하지만 학교로 돌아와 또래들이나 교사들과 더 복잡한 대면 상호작용을 하게 되면서 그 단점은 더 악화되었다. 결국 교사들은 혼란스러운 교실에서 학생들이 서로 조화를 이루게 하는 데 훨씬 더 고군분투해야 했다.

실제로 우리는 스크린으로 상호작용하는 데 너무 많은 시간을 보낸 바람에, 죄다 '리듬 게으름뱅이$^{rhythm\ lazy}$'가 되었는지도 모른다. 사실 팬데믹이 있기 한참 전부터 그랬다. 그렇다 해도 사회적 상황에서 리듬을 적절히 사용하는 아이들 능력이 줌 수업으로 더 심각하게 훼손된 건 사실이다. 아이들이 온라인 학습을 하는 동안, 그들의 상호작용 리듬은 극적으로 변했다.[2] 줌, 페이스타임^{FaceTime} 등 화상회의 플랫폼들은 대면 상황에서는 일어나지 않는 지연과 침묵을 유발한다(실제 대화에서는 말하기 전에 음소거 상태를 해제하기 위해 잠시 멈추는 일이 없지 않은가!). 온라인에서는 자연스럽게 오가는 대화의 흐름을 조정해야 해서 이에 몰입하기도 훨씬 어렵다. 우리는 대면 상호작용을 하는 동안 말과 움직임의 미묘한 차이를 계속 포착하고, 다른 사람들의 리듬에 주의하면서 자신의 리듬과 움직임을 조화롭게 맞추려고 한다. 반면 가상공간에서 상호작용을 할 때는 같은 방식으로 주의를 기울일 필요가 없다. 내 학생 중 한 명은 대면 토론 시간에 이렇게 말했다. "솔직히 저는 줌 수업을 정말 좋아해요. 대면 수업에서는 절대로 할 수 없는 일들을 할 수 있거든요."

아이가 리듬에 어려움을 겪으면 또래들과 상호작용할 때 교실을 혼란스럽게 하고 사회적 문제를 일으킬 수 있다. 하지만 다행히도 다른 비언어기술과 마찬가지로 리듬은 훈련을 통해 향상될 수 있다. 게다가 리듬이 여러 비언어 경로에서 중심 역할을 하기 때문에, 리듬 기술이 향상되면 관계를 잘 유지하는 데 필요한 다양한 기술도 향상될 가능성이 크다. 리듬은 비언어적 의사소통의 오케스트라에서 지휘자처럼 다른 악기들이 조화를 유지하도록 돕는다. 다행히 아이들이 이 중요한 비언어기술을 습득하고 향상하도록 우리가 도울 수 있는 일은 아주 많다. 그게 바로 이 장에서 소개할 내용이다.

리듬이 중요한 이유

당신은 어쩌면 내가 이 첫 장을 '리듬'이라는 주제에 할애해서 놀랐을지도 모른다. 가장 중요한 비언어적 의사소통이 뭐냐고 물으면 다들 '보디랭귀지'나 '표정'이라고 말할 것이다. 하지만 실제론 리듬이 그 어떤 비언어 경로보다 사회적 상호작용에 더 광범위한 영향을 미친다. 왜냐하면 리듬은 비언어기술 가운데 가장 보편적이고, (이론의 여지는 있지만) 인정과 평가를 가장 못 받는 기술이기 때문이다.

리듬은 움직임이나 소리의 강하고 규칙적이며 반복되는 패턴으로 정의된다. 리듬이 우리 삶에 스며든 온갖 방식을 다 설명하기란 불가능하다.[3] 유명한 시인 마야 안젤루Maya Angelou는 언젠가 "세상 만물에는 리듬이 있고, 모든 것은 춤을 춘다"라고 말했는데, 이에 전적으로 동감한다. 리듬은 우리 삶의 온갖 측면에 내재해 있다. 하지만 우리는 리듬이 깨지기 전까진 이를 좀체 알아차리지 못한다. 우리는 해가 떠오르고 지는 리듬에 맞춰 잠을 자고 일어난다. 온도와 계절 변화의 리듬에 맞춰 옷을 입는다. 아이들을 학교에 데려다주고, 버스나 지하철로 일터에 가며, 날마다 거의 같은 시간에 첫 커피를 마신다.

이러한 일상적 리듬 범위를 넘어서면, 우리는 각기 다른 기질, 즉 유전적으로 결정된 리듬을 가지고 태어나 각자의 감정으로 세상에 반응한다. 태양은 모두에게 동시에 떠오르겠지만, 어떤 사람은 기쁜 마음으로 일어나 하루를 준비하는 반면, 어떤 사람은 이불을 뒤집어쓰고 다시 잠든다. 누구는 기질적으로 침착해서 안정적인 드럼 비트^{drumbeat}(드럼 세트에서 가장 많이 연주되는 리듬 패턴을 말한다. 드럼 연주는 대부분 일정한 리듬 패턴의 반복으로 구성된다-옮긴이) 같은 분위기를 지녔고, 누구는 요란한 심벌즈 소리에 뚝뚝 끊기는 드럼 비트처럼 변덕스러운 분위기를 지녔다. 우리는 이러한 기질을 아주 어릴 때 개발한다. 유치원에 가보면, 어떤 아이는 참여하는 속도가 빠르고 활력이 넘치지만, 어떤 아이는 뭔가를 시작할 때 조심스럽고 수줍어하고 느리다는 사실을 바로 포착할 수 있다. 바꾸어 말하면, 인간은 리듬의 생명체다.[4]

이러한 물리적, 생물학적 리듬은 흔히 눈에 띄지 않지만, 우리 안에 깊이 뿌리박혀 있다. 너무 깊숙이 박혀 있어서 다른 사람들을 수용하기 위해 타고난 리듬을 조절하기가 어려울 수 있다.[5] 혼자 있기 좋아하는 사람들은 사무실 리듬에 맞추는 데 어려움을 겪을 가능성이 크다. 특히 주말 동안 집에서 조용히 보낸 뒤, 월요일 아침에 동료들과 함께 있을 때면 더욱 그렇다. 반면 활달하고 외향적인 사람들은 기질적으로 좀 더 조용한 사람들의 리듬에 맞추는 데 애먹을 수 있다.

다른 사람들의 리듬에 보조를 맞추지 못하면, 설사 불편한 원인을 깨닫지 못하더라도 부정적으로 반응하는 경향이 있다. 예를 들어 당신이 종일 사무실에서 기한이 촉박한 프로젝트에 지나치게 집중했다면 그 '업무 리듬'에서 벗어나, 몇 시간 일찍 퇴근한 배우자가 설정해둔 좀 더 느긋한 '가정 리듬'으로 전환하기가 어려울 수 있다. 그 결과 당신은 배우자에게 불만을 느낄 수 있고, 배우자는 당신에게 실망할 수 있다. 또한 말이 느린 사람과 빠른 사람이 함께 있으면, 둘 사이 리듬이 안 맞아서 결과적으로 소통이 잘못될 수 있다.

리듬은 구두언어의 효과에도 영향을 미친다. 흥분한 마음을 효과적으로 전달하려다 보면, 일반적으로 말을 빨리하고 몸짓도 과장하게 된다. 그런데 아무 몸짓도 곁들이지 않으면서 "흥분된다"고 느릿느릿 말한다면, 그 메시지는 혼란스럽고 이해하기 어려워진다.

다른 사람들과 보조를 맞추면 상호작용이 극적으로 향상되는데, 이는 리듬이 다른 여러 비언어 경로를 일치시키는 역할을 하기 때문이다. 예를 들어 친구와 산책할 때, 우리는 친구가 뒤처지거나 앞서지 않고 리듬에 맞춰 나란히 걷기를 기대한다. 우리가 속도를 늦추면, 그들도 속도를 늦춘다. 우리가 속도를 높이면, 그들도 속도를 높인다. 이런 상황에선 자세와 몸짓, 어조와 음량, 심지어 표정까지 조화를 이룬다.

걷는 동안 서로 리듬을 맞추는 것은 공유 관계에 있다는 표시이다. 서로를 잘 알수록 크게 의식하지 않아도 리듬이 일치된다. 반면, 방금 만난 사람과는 발맞춰 걷기가 쉽지 않을 수 있다.

이런 미묘하면서도 중요한 리듬은 처음엔 가족 내에서 배운다. 그리고 학교나 방과 후 활동을 통해 또는 친구나 친척들과 시간을 보내면서 더 다양하게 익히게 된다. 아이들은 리듬의 속도와 박자, 말과 움직임의 패턴이 다양한 사람들과 상호작용하면서 더 광범위한 리듬에 적응하는 법을 배우고 자신만의 리듬을 더 정교하게 개발한다.

관계에서 리듬이 근본적으로 중요한 만큼, 리듬 능력을 아이들의 사회적 문제를 판가름하는 지표로 볼 수 있다. 다른 사람과 원활하게 관계를 맺으려면 서로의 리듬에 맞춰야 한다. 유년기 초기와 후기에 아이들은 일대일 우정을 시작하는데, 이를 유지하려면 리듬에 점점 더 능숙해져야 한다. 성장할수록 리듬 실수에 대해 더 큰 대가를 치르게 된다. 아이들이 더 큰 집단과 어울리기 시작할 때는 더욱 그렇다. 만약 이러한 기술을 개발하지 못하면, 이소벨처럼 반 친구들과 어울리지 못하고 결국 거부당했다고 느끼게 된다.

이러한 기술을 익힌 학령기 아이들은 더 긍정적인 사회적 태도를 지니고, 의미 있는 우정을 맺을 가능성이 더 크다. 다른 아이에게 세심한 주의를 기울이는 능력이 경청과 공감 같은 다른 중요한 기술의 토대가 되기 때문이다(경청과 공감은 사람들과 더 깊은 관계를 맺는 핵심 기술이기도 하다).[6] 리듬 민감성은 언어 학습과 읽기를 배우는 아이의 능력과도 관련이 있다. 리듬에 민감할수록 구두언어를 더 잘 사용한다.

유아기와 유년기 초기의 리듬

연구에 따르면, 아이들은 아주 어릴 때부터 리듬을 알아차리고 사용할 수 있다. 아기들은 엄마의 심장 박동과 비슷한 리듬에 노출되면 더 빨리 잠든다.[7] 우리는 아기를 재울 때나 자장가를 불러줄 때, 살살 어르면서 등을 토닥여줄 때, 리듬을 이용해서 아기와 교감하며 그들이 보호받고 사랑받는다는 사실을 알려줄 수 있다.[8] 그래서 (취학 전 아동과 그 부모를 위한 정부 교육 사업인) 헤드스타트 프로그램Head Start Program에서는 부모들에게 말하고 춤추고 노래하면서 아이들과 더 활발하게 상호작용하도록 가르친다. 그런 부모 밑에서 자란 아이들은 고등학교를 졸업할 때 그렇지 않은 아이들보다 자제력과 자존감이 더 높고, 훗날 자신들도 더 배려하고 보살피는 부모가 된다.[9]

어린아이에게 리듬감을 알려주기 위한 팁

① 리듬을 인식시켜줘라

일정한 리듬으로 걷거나 달리거나 운전하거나 말하는 사람을 콕 짚어 아이에게 알려주는 것은 매우 좋은 방법이다. 소리나 움직임이 평균보다 빠르거나 느린 경우도 아이가 이를 알아차리도록 도와주면 좋다. "개가 아주 빨리 뛰고 있네!" 또는 "이 차선은 아주 느리게 움직이는구나" 하고 말이다. 시간이 지나면서 아이들은 일상생활의 수많은 영역에서 리듬과 박자가 어떻게 작용하는지 더 잘 인식하게 된다.

② 차례 기다리는 법을 일찌감치 가르쳐라

의식했든 안 했든, 당신은 아기를 대하던 초기부터 '차례 기다리기'라는 매우 중요한 리듬 기술을 가르치기 시작했다. 당신이 뭔가 우스꽝스러운 소리를 내면 아이가 기분이 좋아서 까르르거렸을 텐데, 이것이 바로 사람들과 정보를 공유하고 관계 맺는 데 꼭 필요한 리드미컬한 교류의 시작이다.

유아기 내내, 특히 아기가 아장아장 걷기 시작하면 차례 기다리기를 강화하는 것이 중요하다. 두 살 무렵 아이들은 흔히 사람들과의 상호작용을 독점하고 싶어 하고, 반응을 잘 기다리지 못한다. 이 단계에서 당신은 아이가 자신의 요구와 니즈를 보채는 바람에 끊임없이 방해받게 된다. 중간에 끼어들지 말라고, 또 말하기 전에 차례를 기다리라고 주의를 주어 아이가 다른 사람들의 리듬을 존중하는 법을 배우도록 해야 한다. 아이가 자기 차례를 기다릴 때, 당신은 활짝 웃으면서 기특하다고 칭찬해주고, 가끔 간식도 주면서 이를 강화할 수 있다. 아울러 아이의 손위 형제자매나 당신의 배우자와 함께 차례 기다리는 모습을 본보기로 보여준다. 아이는 유치원 시절에 차례 기다리는 법을 확실히 배우면, 학교에 들어가 혼자서 또래들과 관계를 맺을 때 별 어려움이 없을 것이다.

③ 함께 노래하고 춤춰라

대대로 부모와 조부모는 아기와 어린아이를 무릎에 앉혀 흔들면서 전래 동요를 불러주고 가사에 맞춰 동작을 표현했다. 이 단순한 노래들은 유행에 뒤처지긴 했지만, 아이들에게 리듬을 가르친다는 중요한 목적을 달성하는 데 도움이 된다. 〈잭과 질Jack and Jill〉, 〈험프티 덤프티Humpty-Dumpty〉, 〈리틀 보핍Little Bo-Peep〉 같은 동요는 아이에게 리드미컬한 말하기 패턴을 가르치기에 여전히 훌륭하다. 당신이 먼저 한 구절을 부른 후 아이에게 따라 하게 할 수도 있다. 그런 노래를 반복해서 듣다 보면 마음이 편안해지므로 아이들은 같은 노래를 계속 들려주거나 불러달라고 요구할 것이다.

음악을 들으며 함께 춤추는 행위는 아이의 리듬감을 높이는 멋진 방법이다. 아이에게 음악에 맞춰 먼저 움직이라고 한 다음, 그 동작을 따라 한다. 아이와 번갈아서 동작 따라 하기를 해보자. 다만 아이의 손이나 팔을 잡고서 박자에 맞춰 움직이는 건 좋지 않다. 그 편이 아이에게 리듬감을 심어주는 데 더 좋을 것 같지만, 아이가 스스로 박자를 파악하는 과정을 거쳐야 더 많이 배울 수 있다. '뮤직 투게더Music Together' 같은 음악 교육 프로그램을 통해 아이가 어릴 때부터 리듬에 노출되도록 하는 것도 좋다.

④ 박자를 제시하고 아이에게 따라 하게 하라

이 장의 시작 부분에서 소개한 이소벨에게 내가 했던 것처럼, 아이에게 드럼이나 리듬 스틱, 숟가락을 주고 당신이 친 박자를 따라 하게 한다. 처음에는 단순하고 일정한 리듬으로 시작하고, 아이가 당신을 따라 하기 어려워할 때까지 점점 더 복잡한 리듬을 제시한다. 그다음엔 아이가 먼저 리듬을 치고 당신이 따라 한다. 중간에 일부러 틀려서 아이가 그 차이를 감지하는지도 살핀다.

⑤ 스크린을 피하거나 제한하라

미국 소아과학회American Academy of Pediatrics는 18~24개월 아이

에게는 영상 통화를 제외하고는 스크린 사용을 허용하지 말라고 조언한다. 또한 2~5세 아이들은 하루 1시간 이하로 스크린 사용 시간을 제한하라고 조언한다. 식사 시간이나 아이들과 소통하는 동안에는 스크린을 치워두면 스크린 사용에 대한 좋은 습관을 기르는 데 도움이 된다. 이렇게 하면 아이들은 주변 사람과의 상호작용에서 나타나는 리듬을 알아차리고, 사람들과 박자를 맞추는 데 필요한 핵심 기술을 연습할 기회를 더 많이 갖게 될 것이다.

다 함께 신나게 노래하고 춤추기

음악을 놀이처럼 즐겁게 가르치자는 취지의 '뮤직 투게더'는 케네스 길마틴Kenneth GuilMartin이 1987년에 설립한 음악 교육 프로그램으로, 유아에게 음악이라는 언어를 소개한다.[10] 나는 뮤직 투게더가 아이들에게 음악 기초를 소개하는 데 효과적이라는 이야기를 여러 부모와 교사들에게서 들었다. 그 얘기를 들으면서 이 프로그램이 사람들의 상호작용에서 나타나는 리드미컬한 변화를 가르치는 데도 유용하겠다는 확신이 들었다. 운 좋게도, 내 아들의 절친 중 한 명이 뮤직 투게더 프로그램의 베테랑 교사였다. 그래서 나는 그에게 수업에 참여해도 되는지 물었다.

수업은 어느 화창한 날 오전, 벽돌 첨탑이 멋지게 솟아 있는 감리교회에서 진행되었다. 나는 수업이 시작되기 전 모습을 관찰하려고 교실에 일찍 도착했다. 어린아이의 손을 잡거나 아기를 품에 안은 부모들이 속속 도착했다. 그날은 수업 첫날이라 다들 살짝 긴장한 것 같았다. 곧이어 강사인 글로리아가 노래를 시작하더니, 우리에게 음악에 맞춰 움직이라고 청했다. 다들 조금 쑥스러워했지만, 리듬에 맞춰 움직이다 보니 긴장이 점점 풀렸다.

잠시 후, 우리는 둥그렇게 모여 앉으라는 지시를 받았다. 아이들은 8개월에서 3세까지 다양했다. 어떤 아이들은 잠시도 가만있지 않고 팔짝팔짝 뛰거나 사방으로 돌아다녔다. 어떤 아이들은 부모에게서 떨어지지 않았다. 글로리아가 간단한 박자에 맞춰 〈헬로 송Hello Song〉을 부르면서 아이들 이름을 일일이 불러주었다. 다들 이름표를 달고 있어서 누가 누구인지 쉽게 알 수 있었다.

그다음에는 간단하고 기억하기 쉬운 리듬에 맞춰 손뼉을 치면서 노래했다. 이때도 어떤 아이들은 프로그램에 참여했고, 어떤 아이들은 돌아다니거나 여전히 말없이 부모에게 매달려 있었다. 몇 곡 더 부른 후, 다들 가늘고 기다란 천을 건네받았다. 그리고 일어나 그 천을 흔들면서 춤추라고 권유받았다. 어떤 부모들은 아기를 안고서 천을 흔들었고, 어떤 부모들은 아이의 두 손을 잡고 음악에 맞춰 천을 흔들었다. 한편 일부 아이들은 일어서서 부모의 춤 동작을 따라 했고, 일부는 앉은 채 고개만 까딱까딱했다. 울거나 보채는 아이는 하나도 없었다. 다들 무척 사랑스러웠다.

함께 춤추면서 나는 아이들만 배우는 게 아니라는 사실을 깨달았다. 부모들도 자기 아이에게 리듬 가르치는 법을 배우고 있었다. 또한 자신의 리듬뿐만 아니라 아이의 타고난 리듬도 잘 파악할 수 있었다. '뮤직 투게더' 프로그램 중 '리듬 키즈'Rhythm Kids를 개발한 톰 푸트Tom Foote는 걸핏하면 "리듬은 사교 모임의 접착제다!"라고 말했는데, 나도 이에 전적으로 동의한다. 아이들은 음악을 만들고 따라 하고 연습하는 동안, 차례 기다리기를 해야 한다. 이때 음악 기술뿐만 아니라 주변의 리듬을 듣고 인식해서 자신의 리듬을 조정하는 법을 배우게 된다.

몇 달 후, 나는 글로리아의 수업에 다시 가서 부모와 아이들이 어떻게 어울리는지 살펴봤다. 나는 그들이 노래하고 춤추는 모습뿐 아니라, 서로 이야기하는 모습도 가만히 지켜봤다. 실제로 그들은 정말 많이 달라졌다! 첫 수업에선 아이들도 부모들도 쑥스러워하면서 머뭇거렸지만 이젠 다들 편안해 보였다. 간혹 혼란스러운 상황이 연출될 때도 있었지만, 다들 적절히 차례를 지키며 즐겁게 어울렸다.

무엇보다도 놀라웠던 건 부모들의 변화였다. 나는 그들이 아이들과 상호작용하는 모습을 지켜보면서 배움의 순환을 떠올렸다. 물론 부모들은 아이들을 가르치고 있었다. 그러면서 그들은 스스로도 배우고 있었다. 아이들이 사람들과 어울릴 때 어떻게 보고 듣고 행동하는 게 좋은지를 보여주기 위해 부모들 스스로 그렇게 행동하려고 애썼던 것이다. 가령 몸짓은 더 컸고 자세는 더 꼿꼿했으며 어조는 더 안정적이었다. 전체적으로 존재감이 뚜렷했고, 음악이 없을 때도 상호작용은 리드미컬했다. 사회적 상호작용이라는 음악을 자신들이 얼마나 멋지게 연주했는지 보면

> 그들도 놀랐을 것이다. 그 모습을 영상에 담아두지 못한 게 무척 아쉽다.

유년기 후기의 리듬

엘라라는 여자아이가 유치원에 들어간 첫날을 떠올려보자. 엘라는 아침에 교실을 쉽게 찾아가고, 처음 만난 선생님과 반 친구들에게 즐겁게 인사하면서 순조롭게 하루를 시작한다. 하지만 쉬는 시간에 널찍한 놀이터로 걸어 나갔다가 당황하여 집에 가고 싶다고 생각한다. 다른 아이들은 사방으로 뛰어다니며 신나게 소리친다. 하지만 엘라는 이런 분위기를 좋아하지 않는다. 그냥 조용히 걷고 생각하고 말하는 게 좋다. 그래도 친구를 사귀기로 마음먹은 엘라는 술래잡기를 하는 그룹에 참여한다. 놀이를 따라가려고 노력하지만 동작이 느리다 보니 아이들의 빠른 움직임에 바로 반응하지 못한다. 얼마 지나지 않아 엘라는 점점 뒤처지면서 주변으로 밀려난다. 엘라는 자신의 동작이 느리다는 사실을 깨닫지 못하고, 성격 때문에 친구들이 자기를 거부했다고 여기며 이렇게 결론 내렸다. '쟤들은 나를 좋아하지 않나 봐.'

아이들이 의미 있는 우정을 쌓아가는 유년기 후반에는 관계의 모든 단계에서 리듬이 관여하는데, 특히 시작 단계에선 더 그렇다. 다른 아이들과 어울리지 못하는 아이는 우정을 시작하기에 가장 좋은 순간을 놓칠 수 있다.

아이가 놀이터에서 뛰어다니는 것처럼 어떤 맥락에서 또래의 리듬에 맞추는 데 애를 먹는다고 해서, 이런 기술이 제대로 개발되지 않았다고 볼 수는 없다. 단지 아이의 타고난 리듬이 특정 집단의 리듬이나 그 활동 자체와 맞지 않을 뿐이다. 엘라는 앉아서 쉬려고 벤치로 걸어가는데, 곧 자신이 혼자가 아니라는 사실을 알게 된다. 엘라 옆으로 반 친구가 한 명 다가온다. "안녕, 난 조이라고 해. 옆에 앉아도 되니? 난 뛰어다니는 걸 좋아하지 않거든." 두 소녀는 수줍게 바라보면서 웃는다. 옆에 다른 친구가 앉자, 엘라는 더 이상 겁나지도, 집에 가고 싶지도 않다. 두 소녀는 쉬는 시간 내내 앉아서 이야기꽃을 피운다.

다들 첫 만남에서 누군가와 '죽이 잘 맞는' 경험을 해봤겠지만, 즉각적 유대감에서 리듬이 어떤 역할을 하는지는 알아채지 못했을 것이다. 연구에 따르면, 우리의 리듬과 타인의 리듬이 딱 들어맞는 동시성synchronicity이 매우 중요하다. 관계를 맺고 발전시키는 데 필요한 편안함을 제공하기 때문이다.[11] 엘라와 조이의 경우에도 조화로운 리듬으로 죽이 잘 맞앉기 때문에 곧바로 관계를 맺을 수 있었다.

모든 상황에 들어맞는 리듬이란 건 없다는 사실을 명심하자. 그래서 우리는 상황에 맞게 리듬을 조절하는 법을 배워야 하며, 이와 더불어 자신의 타고난 리듬을 파악해야 한다. 자신의 리듬을 아는 것만으로도 리듬이 일치하는 사람을 찾아 관계 맺는 법을 배울 수 있다.

일단 관계를 맺고 시간이 지나 우정이 깊어진 뒤, 전환 단계에 도달하면 아이들은 다른 리듬을 배워야 한다. 아이들이 놀이터에서 관계를 시작하고 심화하고자 사용했던 리듬은 작별 인사 과정에서 이뤄져야 하는 상호작용보다 지나치게 활기찰 수 있다. 엘라와 조이의 경우, 이는 하교 때 조심스레 손을 흔들며 "내일 또 봐"라고 말하는 것을 뜻한다. 또 학기가 끝날 때 따뜻하게 안아주면서 방학 중에 가끔 보자고 약속하는 것을 뜻한다.

유년기 후기는 아이들이 시간을 막 인식하게 되는 시기이기도 하다. 나는 당시 여섯 살이던 손자 소렌을 데리고 공원에 농구하러 갔던 날을 절대 잊지 못한다. 그때 소렌이 나를 돌아보며 이렇게 물었다. "올해가 몇 년이에요, 할아버지?" 내가 2012년이라고 말해주자 소렌이 다시 물었다. "연도는 항상 2012년이에요?"

아이들이 학교에 다니기 시작하면, 시간은 곧 일상생활을 형성하는 리듬의 일부가 된다.[12] 연구에 따르면, 생후 6개월밖에 안 된 아기도 시간이 점점 더 길어지거나 짧아지는 것을 어느 정도 감지한다. 하지만 몇 년, 몇 시간, 몇 분이라는 개념은 내 손자처럼 여섯 살 무렵이 돼야 형성된다.[13]

유년기 후기에는 시간 개념을 반드시 이해해 일상생활의 리듬과 조화를 이뤄야 한다. 좋든 싫든 우리 사회에서는 시간을 지키는 것이 중요하기 때문이다. 시간 준수 여부는 다른 사람들이 우리를 바라보는 방식과 우리에 대한 호감도에 영향을 미칠 수 있다. 지각에 관대한 사회도 있지만(라틴 아메리카와 아시아의 일부 국가가 그렇다), 대체로는 시간이 우리 삶의 일상적 리듬을 지배한다. 우리가 다른 가족에게 "공원에서 3시에 만나자"라고 말하면, 그 가족에게 자신의 리듬을 중단하고 우리 리듬을 공유하자고 요청하는 것임을 아이들이 이해할 수 있어야 한다. 이는 곧 우리가 시간을 정확히 지켜야 한다는 뜻이다.

유년기 후기에 아이들은 시간 단서를 정확하게 읽고 표현하는 법을 배워야 한다. 그러지 못하면 수업 시간에 맞춰 교실에 들어가고 과제를 제시간에 마쳐야 하며, 시간 관리 능력을 평가받게 될 청소년기에 상당한 어려움을 겪게 될 것이다. 교사들은 흔히 아이들이 수업 종료를 알리는 종소리 등 시간 단서를 지키지 못할 때나, "1분만 더 작성하고 나서 펜을 내려놓으세요" 같은 시간 관련 지시를 따르지 않을 때 기운이 빠진다고 토로한다.

문제는 아이들에게는 시간이 어른들과 다르게 인식된다는 것이다.[14] 일반적으로 아이들에게는 시간이 훨씬 더 느리게 간다. 10분 동안 조용히 앉아 있으라고 하면, 아이에게 10분은 1시간처럼 느껴질 수 있다. 아이에게 눈을 감았다가 1분 후에 뜨라고 했더니 약 40초 후에 눈을 떴다는 연구 결과도 있다. 어른의 경우는 보통은 70초 동안 눈을 감고 있을 것이다. 차를 몰고 진입로에서 막 빠져나왔을 때 아이가 "다 왔어요?"라고 묻는 이유를 이제 당신은 이해할 수 있을 것이다. 이러한 순간이야말로 아이에게 시간 개념을 가르칠 절호의 기회다.

유년기 후기 아이에게 리듬감을 알려주기 위한 팁

① 다양한 상황에서 리듬이 아이에게
   어떤 영향을 미치는지 관찰하라

리듬은 일상에서 간접적으로 학습되기 때문에, 아이가 이 기술을 얼마나 능숙하게 사용하는지 확신하기가 어렵다. 이를 확인하기 위한 첫 번째 단계는 아이가 어른이나 또래와 상호작용할 때 유심히 관찰하는 것이다. 놀이 모임이나 파티나 기타 활동 중에 아이가 친구들과 잘 어울리지 못하는 것 같은가? 다른 아이들보다 과제를 더 일찍 혹은 더 늦게 마치는가? 아이가 음악 그룹에 참여할 때, 박자를 못 맞추거나 다른 사람들과 어울리지 못하는가? 아이들이 무리 지어 걷거나 줄을 설 때 혼자 뒤처지거나 앞으로 달려가는가? 다른 사람들이 말할 때 자꾸 끼어드는가? 이러한 행동들은 어린아이에게는 지극히 정상적이다. 하지만 아이가 다른 사람들과 보조를 맞출 때 이를 격려하고 칭찬하면 조금씩 바로잡을 수 있다. 형제자매가 있다면, 아이가 그들과 상호작용하는 모습을 관찰할 기회가 있을 것이다. 다만 형제자매라도 저마다 기질과 리듬이 다를 수 있다는 사실을 기억해야 한다. 다만 그들이 주변의 다른 리듬을 인식하는 법을 배웠고, 상황에 따라 다른 사람들의 리듬에 맞춰 자신의 선호 리듬을 조정하는 능력을 갖췄다면 별 문제 없다.

② 아이가 시간 흐름을 잘 이해하도록 도와줘라

우리 삶을 지배하는 이 특별한 리듬을 아이들이 이해할 수 있도록 도와줄 손쉬운 방법은 대화 중에 자꾸 시간을 거론하는 것이다. 예컨대 축구 연습이나 체조 교실, 생일 파티 등까지 가는 데 시간이 얼마나 걸릴지, 공원까지 걸어가는 데는 얼마나 걸릴지 아이에게 추측해보라고 할 수 있다. 이러한 제안은 아이가 시간 흐름에 주의를 기울이게 한다.

아이가 시간 흐름을 더 잘 이해하게 할 또 다른 방법은 시간 관리 차트를 활용하는 것이다. 아이와 함께 앉아서 그날의 일과를 완수하는 데 얼마나 걸릴지 따져볼 수 있다. 가령 옷을 입는 데 10분, 침대를 정리하는 데 5분이 걸릴 것이다. 아이가 일정을 지키는 데 어려움을 겪는다면, 타이머를 이용해 아이가 과제를 완수하는 데 실제로 얼마나 걸리는지 알아본다. 이렇게 하면 아이는 시간을 더 쉽고 명확하게 이해할 수 있다. 과제를 제시간에 완수하면 약간의 보상을 줄 수도 있지만, 나이에 적합한 기대이므로 크게 보상해줄 필요는 없다.

학교에서 시간과 관련된 기본 사항을 배우겠지만, 미리 그 토대를 다져두면 좋다. 6살밖에 안 된 아이도 손목시계를 차고 시간에 대해 배우면 득을 볼 수 있다. 아울러 부모가 평소 본을 보여야 한다. 아이에게 5분 후에 책을 읽어주겠다고 말했다면, 7분이나 10분이 아니라 딱 5분 후에 그렇게 해야 한다. 그리고 10분만 더 놀고 공원을 떠날 거라고 한 말도 지켜야 한다. 너무 엄격하게 군다고 느껴질 수도 있지만, 이렇게 해야 학업과 사회생활에 유익한 습관을 들이도록 가르칠 수 있다.

③ 아이와 함께 음악을 들으며 춤추거나,
아이를 음악 그룹이나 댄스 그룹에 등록시켜라

집에서 하는 아주 단순한 활동이 아이에게 대단히 유익할 때가 많다. 아이의 리듬감을 높이고자 음악 수업이나 댄스 교실에 등록시킬 수도 있지만, 집에서 함께 시간을 보내며 음악을 듣거나 춤을 추거나 악기를 연주할 수도 있다. 뮤직 투게더와 리듬 키즈의 교사들은 아이들이 박자에 맞춰 손이나 팔, 몸을 움직이도록 유도하고, 타악기를 연주하거나 노래를 부르면서 단순한 패턴을 따라 하도록 지시한다. 또 그 반대로 아이들이 직접 단순한 패턴을 만들고 이를 어른들이 따라 하게 하기도 한다. 이러한 활동을 얼마든지 집에서 아이와 해볼 수 있다.

④ 다양한 박자와 리듬에 대해 아이와 대화를 나눠라

아이의 리듬감을 향상시키는 가장 쉽고 효과적인 방법 가운데 하나는, 주변의 여러 리듬을 인식시키고 어떻게 다른지 이해시키는 것이다. 가령 아이에게 어떤 리듬은 고정되어 있고 어떤 리듬은 달라진다고 알려줄 수 있다. 시계는 늘 일정한 속도로 똑딱거리지만, 심장박동은 빨라지거나 느려질 수 있다. 사람은 더 빠르거나 느리게 걸을 수 있으며, 말할 때도 속도를 달리할 수 있다. 아이와 함께 경주용 자동차가 나오는 만화를 보고 있다고 가정해보자. 아이에게 자동차의 속도가 사람이 걷는 속도와 어떻게 다른지 물어볼 수 있다. 특정 상황에 따라 속도가 어떻게 달라지는지에 대해서도 아이와 대화해보자. 가령 달리기는 야외에서만 하는 활동이며, 사람들은 흥분하면 빠르게 말하고, 주저하거나 긴장할 때는 느리게 말한다고 설명해줄 수 있다.

⑤ 아이가 차례 기다리기에 대해 배웠던 점을 상기시켜줘라

아이가 차례 기다리기를 어떻게 하는지 다양한 상황에서 관찰해보자. 예를 들어 하교 후에 아이의 학급 친구를 집까지 태워다줄 경우, 당신은 두 아이가 나누는 대화를 듣게 될 것이다. 친구를 내려주고 나서 아이에게 몇 가지 피드백을 줄 수 있다. 가령 "친구가 말을 다 마칠 때까지 기다려서 기특하구나"라거나 "아까 친구가 말하는데 중간에 끼어들더구나. 다음엔 친구가 말을 마칠 때까지 기다려보렴"이라고 하면 된다. 당신이 대화할 때 차례를 기다리는 모습을 본보기로 보여줄 수도 있고, 영화나 TV에서 사람들이 그런 모습을 보이는 순간이나 장면을 활용할 수도 있다. 아이와 차례 기다리기를 연습할 또 다른 좋은 기회는 식사 시간이다. 상대방은 말을 마치고 대답을 들을 준비가 되었다는 신호로 리듬과 어조를 바꾼다고 알려준다. 고개를 끄덕이고 눈을 맞추면 자기 차례가 언제인지 알아차리는 데 도움이 된다는 점도 알려준다.

 ⑥ 아이를 스포츠 프로그램에 등록시키거나
  함께 스포츠 경기를 관람하라

거의 모든 스포츠에서 선수들은 특정 리듬에 따라 움직여야 한다. 따라서 아이를 야구나 축구 같은 팀 스포츠에 등록시키면, 다른 사람들과 조화를 이루는 법을 배우도록 하는 셈이다. 집에서 아이와 함께 TV로 스포츠 경기를 시청할 때도 리듬에 아이의 주의를 유도할 수 있다. 예를 들어 야구 경기 도중에 타자들은 타석에 들어가 공이 날아오길 기다리기 전에, 먼저 스트레칭을 하고 스윙을 연습하고 장갑을 느슨하게 풀었다 조이면서 편안한 타구 자세를 찾는다. 타구가 맞으면, 타자는 1루를 향해 냅다 달리고 야수들은 공을 잡으려고 기를 쓴다. 이런 식으로 리듬 변화는 게임의 본질적 부분이자 삶의 일부라는 사실을 아이가 깨닫도록 도와줄 수 있다.

전문가의 도움이 필요한 때

아이가 다른 사람들과 어울리지 못하는 모습을 수시로 드러내면, 그리고 여기서 소개하는 팁을 적용한 지 한 달쯤 지났는데도 여전히 개선되지 않는다면, 전문가에게 상담을 받아볼 필요가 있다. 그 출발점으로 아이의 담임교사를 만나 이야기를 들어보자. 아이가 교실에서 리듬에 어려움을 겪는지, 그럴 때 선생님이 어떻게 도와줄 수 있는지 물어볼 수 있다. 때로는 교사가 아이의 어려움을 먼저 포착하고 부모에게 알리기도 한다. 어느 경우든, 이소벨의 사례처럼 아이가 리듬에 맞춰 움직이는 데 어려움을 겪고 있다고 추정되면, 아이의 기본 심리 능력을 평가해줄 심리학자나 학습장애 전문가와 상담할 수 있다. 흔히 소아 신경정신과 생체리듬 인터뷰 평가Biological Rhythm Interview of Assessment in Neuropsychiatry for Kids, BRIAN-K를 시행하는데, 주로 아이가 리듬을 파악하고 표현하는 능력을 평가한다.[15]

음악과 춤을 가르치는 전문가들은 학생들의 리듬 능력을 가늠하기 위해 다양한 테스트를 시행한다. 이런 테스트 중 상당수는 비언어적 리듬 능력을 가늠하는 데도 유용하다.

…

앞에서 살펴봤듯이, 우리는 다양한 리듬의 바다에 빠져 있다. 이러한 리듬은 우리 눈에 보이진 않지만 인간관계에 지대한 영향을 미친다. 이와 달리 뒤에 소개하는 표정은 쉽게 볼 수 있다. 표정은 다른 사람들과 관계 맺는 데 많은 영향을 미칠 수 있다.

———— **④**
———— FACIAL EXPRESSTIONS

표정

웃어라, 그러면 세상도 함께 웃는다

나는 거의 40년 전에 일어났던 일을 어제 일처럼 생생하게 기억한다. 그날은 정말 완전히 지쳐 있었다. 수업이 평소보다 두 배나 많았고, 틈틈이 대학원생들을 만났다. 그것도 모자라 도무지 끝날 것 같지 않은 교직원 회의에 들어가 교육 과정 요건을 논의했다. 그런 다음, 주간州間 고속도로를 운전해서 간신히 집에 돌아왔다. 아내와 7주 된 아들 앤디하고 얼른 시간을 보내고 싶은 마음뿐이었다. 아내와 나는 산전교실에서 아들의 출산을 포함해 향후 벌어질 일에 대비하는 데 유용한 수업을 들었었다. 그 이후를 준비하는 산후교실도 다녔어야 했지만, 그런 건 없는 듯했다. 이 말인즉슨 가상 버튼을 누르면 갓난아기 다루는 법을 저절로 알게 된다는 뜻일 텐데, 도무지 그 버튼을 찾을 수 없었다. 우리는 그저 수없이 웃고 노래하고 우스꽝스러운 표정을 지으며 앤디에게 반응을 유도했다. 하지만 7주 내내 울고 싸고 자는 것 외엔 별다른 반응을 얻지 못했다. 우리는 정말로 좋은 부모가 되고 싶어서 열심히 노력했지만, 둘 다 육아 지식이 별로 없어 조금씩 지쳐가고 있었다.

이제 퇴근했으니 내가 앤디를 돌볼 차례였다. 아기 방에 들어갔더니, 앤디가 냄새를 풍기며 깨어 있었다. 나는 앤디를 안아서 기저귀 교환대에 올려놓았다. 그리고 냄새나는 기저귀를 갈면서 평소처럼 앤디를 상대로 수다를 떨었다. "넌 누구 아들이니? 아빠가 오늘 정말 열심히 일하고 왔는데, 활짝 웃어줄 수 있니?"

바로 그때였다. 앤디가 작은 팔다리를 버둥거리면서 처음으로 나를 향해 웃었다. 그러자 순식간에 피로가 싹 가셨다. 나는 얼른 아내를 불렀다. 허겁지겁 달려온 아내는 자신의 운을 시험해보려고 했다. 그리고 몇 분 뒤 앤디는 또 한 번 기적 같은 미소를 지어주었다. 나는 그 순간을 결코 잊지 못한다. 부모가 되기 전까지는 단순한 표정이 내게 감정적으로 어떤 영향을 미칠지 상상하지 못했다. 미소를 주고받으며 우리는 전에 없던 새롭고 흥미로운 방식으로 서로 연결되었다.

미소는 아마도 서로 관계 맺는 데 가장 중요한 방법일 것이다. 게다가 아기의 미소는 특별한 힘을 지니는데, 이는 결코 우연이 아니다. 옥스퍼드대학교 정신의학과의 모르텐 크링겔바흐Morten Kringelbach와 그의 동료들이 수행한 연구에 따르면, 미소와 전반적인 귀여움은 뇌의 쾌락 시스템을 활성화하는 식으로 양육자의 뇌에 영향을 미친다. 맛있는 음식을 먹거나 좋은 음악을 들을 때 쾌락 시스템이 활성화되는 것과 같은 이치다.[1] 미소는 확실히 진화가 아기에게 부여한 선물 가운데 하나다. 아기는 미소 덕분에 양육자와 관계를 맺고 유대감을 형성하여 생존을 보장받는다.

부모의 관점에서, 우리를 아이들과 연결해주는 것도 미소다. 새벽 5시에 접하는 첫 미소는 다시 잠들고 싶은 마음이 굴뚝같을 때조차 기쁨을 준다. 퇴근해서 접하는 반가운 미소는 아무리 힘든 날에도 기운을 북돋는다. 아이들이 자라서 가족 단위를 벗어나 새로운 관계를 형성하고 유지하는 데도 미소는 똑같이 중요하다. 우정의 시작 단계에서, 아이는 다른 아이에게 더 많은 상호작용을 환영한다는 점을 미소로 알릴 수 있다. 대화할 때 우리는 미소를 지어서 상호작용이 잘 진행되고 있고 또 계속되기를 바란다는 신호를 보낸다. 전환 단계에서는, 미소를 통해 우리가 함께한 시간을 즐기고 있으며 곧 또 그렇게 하기를 바란다는 점을 드러낸다. 자녀가 사회적으로 성공하도록 도와줄 조언을 한 가지만 주라고 한다면 나는 이렇게 말할 것이다. "아이에게 웃으라고, 아주 많이 웃으라고 가르치세요."

이 조언을 뒷받침하는 조사에 따르면, 미소는 아이의 행복과 사회적 적응을 가장 잘 예측하는 단일 변수일 수 있다. 더 많이 웃는 아이들이 지속적인 관계뿐만 아니라 새로운 관계를 시작할 때도 또래들과 더 잘 어울린다는 사실이 여러 연구에서 드러났다.[2] 진정한 미소의 힘은 성인기에도 지속된다. 심리학자 리앤 하커LeeAnne Harker와 데처 켈트너Dacher Keltner가 30년에 걸쳐 했던 종단 연구의 결과를 보면, 대학교 졸업 사진에서 '진정한' 미소를 지었다고 평가받은 여성들이 더 만족스럽고 오랜 결혼생활을 유지했으며 30년 후 건강과 행복을 측정하는 테스트에서 더 높은 점수를 받았다.[3]

미소는 아주 어린 시절에 자연스럽게 나타나는 경향이 있다. 166개국 140만 명의 참가자를 대상으로 한 연구에 따르면, 어린아이들은 다른 모든 연령대보다 많이 웃는다. 하루에 무려 200번 가까이 미소를 짓는다. 이 수치는 유년기 후기부터 성인기에 이르는 내내 감소하여 23세가 되면 하루에 20번 정도로 줄어든다. 아마도 그때부터 성인으로서 온갖 걱정과 책임을 떠안기 때문일 것이다.[4]

내가 미소의 중요성을 절감했던 건 몇 달간의 원격수업을 마치고 교실로 돌아왔을 때였다. 교실에 들어갔더니, 학생 16명이 마스크를 쓴 채 조용히 앉아 있었다. 여름 내내 어떻게 지냈는지 이야기하며 호들갑을 떨던 평소 모습은 오간 데 없고, 분위기가 거의 침울했다. 학생 가운데 하나가 그 불편한 분위기를 완벽하게 요약했다. "저는 미소가 그립습니다." 미소가 사라진 교실은 정말 끔찍했다.

발달심리학자 클라우스 크리스천 카본 Claus-Christian Carbon이 지적했듯이, 마스크는 감정 표현과 관련된 얼굴의 60~70퍼센트를 가린다. 이 사실을 비롯해 우리가 마스크를 쓰면 당황하고 어색해하는 데는 과학적인 이유가 있다.[5] 과학자로서 나는 마스크를 쓰고 있을 때 감정적 메시지를 정확히 얼마나 놓치는지 알아내고 싶었다. 그래서 동료들과 함께 비언어적 정확성 진단분석 Diagnostic Analysis of Nonverbal Accuracy, DANVA을 해보기로 했다. 이는 내가 듀크와 함께 고안한 것으로, 다양한 표정을 짓고 있는 어른들과 아이들의 사진을 이용해 감정을 식별하는 능력을 검사하는 데 쓰인다. 다만 이 실험의 일부에선 사진 속 얼굴 아래쪽을 마스크로 가렸다. 사람들이 마스크를 쓴 얼굴과 안 쓴 얼굴의 감정을 얼마나 잘 인식하는지 비교한 결과, 마스크로 얼굴이 가려질 때 어떤 감정을 읽기가 더 어려운지 파악할 수 있었다. 흥미롭게도 마스크 착용 여부에 상관없이 참가자들이 일관성 있게 인식한 유일한 감정은 두려움이었다. 아마도 두려움은 입으로 전달되는 '아래쪽 얼굴' 감정이 아니라 주로 눈으로 표현되는 '위쪽 얼굴' 감정이기 때문일 것이다. 한편, '행복'은 주로 미소를 통해 전달되기 때문에 가장 많이 놓쳤다. 아래쪽 얼굴을 가리면 분노와 슬픔도 읽기 어려웠다. 표정이 뚜렷하지 않을 때는 더욱 그랬다.[6] 행복과 분노와 슬픔이 우리가 가장 흔히 느끼는 감정이라는 사실을 고려하면, 마스크를 착용할 때 해당 감정이 잘못 해석될 소지가 많다는 뜻이다.

교실 내 마스크 착용은 건강과 안전을 위해 꼭 필요했지만, 그로 인해 팬데믹 동안 교사들과 어린 학생들 사이에 온갖 종류의 의사소통 문제가 발생했다. 한 3학년 교사가 내게 8세 여학생과 있었던 일화를 들려주었다. 그 아이가 교사에게 수줍게 다가와 "우리한테 화나셨어요?"라고 물었다는 것이다. 교사는 깜짝 놀라서 이렇게 대답했다. "아니, 전혀. 왜 그렇게 생각했니?" 그러자 아이는 이렇게 설명했다. "선생님이 고개를 옆으로 기울이면, 우리한테 화난 것 같은 기분이 들거든요."

마스크 쓴 교사의 표정을 읽기가 어려웠기 때문에 학생들은 교사의 자세로 감정을 추정할 수밖에 없었다. (그런데 자세는 교실 상황에선 덜 중요한 비언어 경로이다 보니 오류가 잦다.) 안타깝게도, 학생이 교사의 갸우뚱한 머리에서 유추한 메시지는 정확하지 않았다. 그래서 학생과 교사의 관계가 손상될 수도 있었다. 마스크 착용과 사회적 고립으로 모든 아이가 표정, 특히 미묘한 표정의 의미를 익힐 기회를 잃었다. 특히 유년기 초기에서 후기로 넘어가는 아이들이 아마도 가장 큰 고통을 겪었을 것이다. 그러니 이 아이들이 유년기 후기와 청소년기로 넘어갈 때, 부모와 교사는 비언어 경로로 감정을 읽고 표현하는 기술을 더 직접적으로 가르쳐서 그들이 잃어버린 기회를 만회하도록 도와야 할 것이다.

하지만 아이들이 표정을 통해 감정을 읽고 전달하는 능력에서 뒤처지는 이유가 팬데믹 때문만은 아니다. 부모라면 다들 알겠지만, 요즘 아이들은 팬데믹 이전에도 서로 얼굴을 마주하는 것보다 스크린에 집중하는 데 더 많은 시간을 보냈다. 게다가 주변 어른들도 비슷한 정도로 스크린을 쳐다보기 때문에 상황은 더욱 악화되었다. 대체로 스크린(노트북이나 스마트폰)을 볼 땐 무표정해지는 경향이 있어서 아이들이 적절한 표정을 흉내 낼 기회도 줄어드는 것이다. 아이들이 또래 친구나 어른과 문자로 소통할 때, 표정은 으레 사라진다.

이모티콘(부호를 결합해 특정한 뜻이나 형태를 나타낸 기호)과 이모지(뜻하는 바를 단일 그림으로 표현할 수 있는 그림문자)는 이메일과 문자메시지에서 감정적 의미를 더 명확하게 전달하기 위한 수단이다. 하지만 이모티콘과 이모지가 얼굴을 닮은 경우가 많긴 해도, 뇌에서 실제 얼굴과 같은 방식으로 처리되지 않는다는 사실을 명심해야 한다. 실생활에서 감정 표현을 보면 감정을 처리하는 뇌 영역이 활성화된다. 하지만 우리 뇌는 이모티콘이나 이모지를 그래프와 흡사하게 처리한다. 즉 감정이 아니라 지식으로 처리하는 것이다. 이모지가 비언어적 의사소통처럼 보일 수 있지만 사실은 그렇지 않다.[7] 메시지가 진실인지, 거짓인지, 빈정대는지, 진지한지 구별할 수 없다. 이모티콘과 이모지는 의미를 명확하게 하기보단 우리가 사용한 단어로 뻔히 드러난 내용을 강조할 뿐이다. 그래서 나는 유년기 후기의 아이들에게 소통할 때 이모티콘과 이모지를 조금만 사용하라고 권한다. 그리고 어른들에게는 아이들이 부호의 감정적 의미를 제대로 알고 쓰는지 확인해보라고 조언한다.

줌을 비롯한 여러 화상회의는 아이들의 비언어 발달에 더 많은 문제를 초래한다. 어쨌든 줌에서 접하는 표정은 우리가 얼굴을 마주할 때 짓는 표정과 같지 않다. 줌에서 상호작용할 때 우리는 거의 움직이지 않고 몇 분 동안 서로를 응시한다. 이는 두 사람이 서로 얼굴을 맞대고 상호작용할 때 일반적으로 벌어지는 일과 확연히 다르다. 줌에서는 누군가 말할 때 시선을 돌리면 무례하다고 여겨지지만, 실생활에서는 대화할 때 눈을 돌려도 괜찮다. 실제로 사람들과 직접 상호작용하는 동안 누군가 당신을 너무 오랫동안 빤히 쳐다보면 오히려 불편해질 수 있다. 대면 상황에선 몸을 틀거나 자세를 바꿔서 상대에게 우리 표정을 다른 각도로 볼 수 있게 한다. 또 상호작용의 추이에 따라 더 가까워지거나 멀어지기도 한다. 줌 밖에서는 눈앞에 가까이 보이지만 실체가 없는 사람의 얼굴과 오랫동안 눈을 맞춰야 할 필요성이 존재하지 않는다. 따라서 몇 시간씩 줌으로 학습하는 아이들은 실생활에서 적절한 눈맞춤을 연습할 기회를 잃게 되는 셈이다.

줌 수업을 위해 일부 교사들에게 표정과 제스처 사용법을 알려줬는데, 그런 교육을 받은 교사들에게 배운 학생들은 그렇지 않은 교사들에게 배운 학생들보다 학업 정보를 더 잘 기억하고 성적도 더 좋은 것으로 나타났다. 또한 학생들은 그런 교육을 받지 않은 교사들보다 교육받은 교사들을 더 좋아했다.[8]

미소와 눈 맞춤이 대단히 중요하지만, 우리 표정은 이것만이 아니다. 이 장에서 더 설명하겠지만, 우리에게는 무척 다양한 표정 팔레트가 있다. 우리는 감정을 전달하고 사람들과 원활하게 소통하기 위해 온갖 유형의 표정을 지어야 한다. 그리고 대다수 유아와 어린아이들은 특별히 배우지 않고도 본능적으로 미소를 짓고 얼굴을 찡그리고 눈살을 찌푸리고 입을 삐죽거린다. 하지만 다른 표정은 타고나지 않는다.

이 장에서는 아이들이 표정으로 자신을 더 잘 표현하는 방법을 배우고 사람들의 표정을 더욱 잘 해석할 수 있도록 우리가 어떻게 도와줘야 하는지 알려줄 것이다.

표정이 중요한 이유

나는 수십 년 동안 비언어적 의사소통을 연구했는데도, 불과 몇 년 전에야 우리가 다른 사람들과 관계를 맺기 위해 표정에 얼마나 의존하는지 깨달았다. 예전에 뫼비우스 증후군Möbius syndrome이라는 다소 희귀한 선천성장애를 진단받은 사람들에게 비언어적 의사소통을 주제로 강연해달라는 요청을 받았다. 이 질환은 (다른 여러 증상과 함께) 신경 마비로 얼굴 근육을 움직이지 못하는 특징이 있다. 발표를 시작하려고 자리에서 일어섰더니 아무 표정도 없는 청중이 보였다. 그 자리에 있고 싶은지, 억지로 앉아 있는지 알 수 없었다. 또 익히 아는 주제를 놓고 그들에게 이야기하러 온 낯선 사람을 반기는 건지, 실망했는지도 전혀 알 수 없었다. 그 순간 나는 이 사람들이 관계를 맺는 게 얼마나 어려운지, 그 관계를 계속 추구하려면 얼마나 용기를 내야 하는지 깨달았다.

표정은 감정 정보를 주고받는 역할을 하기 때문에 관계에서 매우 중요하다. 대체로 감정은 그야말로 온 얼굴에 쓰여 있다. 우리는 사람들과 직접 소통할 때, 말을 하든 안 하든 표정을 통해 끊임없이 신호를 보낸다. 우리 얼굴엔 43개나 되는 근육이 있어서, 1만 가지 이상의 구별 가능한 표정으로 놀랍도록 다양한 감정을 전달할 수 있다. 단순한 미소조차도 눈과 입을 비롯해 여러 부위의 움직임이 필요한 복잡한 문제일 수 있다. 미소의 종류만 적어도 19가지가 된다고 하는데, 그중에 6가지만 즐겁다는 신호를 나타낸다![9]

표정을 제대로 드러내기 위해, 우리는 코를 찡긋하거나 이마를 찌푸리거나 눈썹을 치켜올리거나 입술을 오므릴 수 있고, 눈을 이용해 느낌을 전달할 수도 있다. 다른 사람과 얼굴을 마주하고 있을 때, 우리는 상대의 얼굴을 끊임없이 바라보면서 단서와 정보를 찾는다. 지루해하는가 아니면 피곤해하는가? 궁금한 표정인가 아니면 의심하는 표정인가? 집중하고 있는가 아니면 혼란스러워하나? 혐오스러워하는지, 화났는지, 흥분했는지, 긴장했는지 알아내려 한다. 표정을 읽는 데 능숙하지 않은 사람에게 혐오는 분노와 매우 비슷해 보일 수 있고, 호기심은 회의감으로 오해받기 쉽다. 표정의 강도는 매우 다양하다. 빠르게 히죽 웃는 것부터 이를 활짝 드러내고 한참 웃는 것까지 말이다. 게다가 이는 얼굴을 활용하는 무수히 많은 방법 가운데 두 가지에 불과하다.

표정이 이렇게 복잡한데도 아이들은 대부분 학교에서 표정의 의미를 배우지 못한다. 오히려 이 중요한 의사소통 방식을 스스로 터득해야 한다. 그러다 보니 실수를 저지를 때가 많다.

의식하지 않으면 리듬은 간혹 인식되지 않을 수도 있지만, 표정은 부시하기 어렵다. 누구나 보고 반응할 수 있는 얼굴에 드러나기 때문이다. 그런데 우리 표정을 다른 사람들은 볼 수 있지만, 정작 우리 자신은 볼 수 없다. 결국 우리는 분노, 행복, 놀람 등을 느낄 때, 심지어 별다른 감정을 느끼지 않을 때도 우리 얼굴이 어떻게 보이는지 잘 모른다. 표정으로 보내는 신호를 이해하는 건 몹시 복잡한 기술이다. 아이들뿐만 아니라 어른들도 시간을 내서 연습해야 한다.

심리학자들은 표정이 우리가 사용하는 단어보다 훨씬 더 강력하다는 데 대체로 동의한다.[10] 예를 들어 누군가가 우울한 표정으로 즐겁게 지낸다고 말하면, 우리는 그의 말보다 표정을 훨씬 더 신뢰할 것이다. 그런데 온갖 비언어 소통 경로 가운데 표정을 가장 쉽게 위조할 수 있다는 점에서 문제가 복잡해진다. 네 살 정도만 돼도 아이들은 자신의 진짜 감정을 감추려고 행복한 표정을 그럴듯하게 지을 수 있다.[11] 실은 어른들이 가끔 아이들에게 이런 식으로 감정을 감추라고 적극적으로 가르친다. 가령 원치 않은 선물을 받더라도 얼굴을 찡

그리거나 입을 삐죽거리는 대신 미소를 지으며 고맙다고 말하게 한다. '매너'나 '사교적 예의'로 분류될 만한 조기 교육은 사실 아이들에게 표정을 통해서 감정을 감추라고 가르치는 것이다. 표정 감추기는 나이가 들며 점점 더 교묘해진다. 물론 우리가 진짜 감정을 감출 수도 있지만, 우리 얼굴이 누구나 볼 수 있도록 드러나 있다는 사실은 분명하다.[12]

표정이 워낙 눈에 잘 띄기 때문에 과학자들은 다른 모든 비언어 경로를 합친 것보다 표정에 관해 더 많이 연구한 모양이다. (과학과 의학 분야에서 정보 검색에 가장 많이 쓰이는) 펍메드 PubMed를 검색해보니 지난 10년 동안 1만 5000건 이상의 논문이 발표됐다. 표정 연구는 19세기 프랑스 의사 기욤-벤자민-아망 뒤셴 Guillaume-Benjamin-Amand Duchenne으로 거슬러 올라갈 수 있다. 그는 특정 표정을 짓는 데 어떤 근육이 관여하는지 확인하고자 환자들의 얼굴에 전기 자극을 가했다. 그러한 연구 끝에 '뒤셴 미소 Duchenne smile'라는 문구가 생겨나기도 했는데, 이는 눈가에 주름이 잡히는 진정한 미소를 가리킨다. 뒤셴이 환자들을 찍은 사진은 찰스 다윈의 저서 《인간과 동물의 감정 표현》에 영감을 주기도 했다. 다윈은 이 책에서 행복, 슬픔, 분노, 두려움, 혐오, 놀라움, 경멸 등 일곱 가지 기본 감정이 전 세계 모든 문화권에서 비슷하게 표현된다고 주장했다.[13]

그 이후로 이러한 표정이 보편적으로 인식되는지에 대해 논쟁이 일었다. 타인의 감정을 인식하는 데는 무엇보다 문화적 배경이 큰 역할을 하는 것 같다. 특히 표정이 강하게 드러나지 않을 때 더욱 그렇다. 심리학자 폴 에크만Paul Ekman이 1960년대에 실시한 연구는 얼굴에서 보편적으로 인식되는 감정에 대한 다윈의 주장을 뒷받침했다. 하지만 후속 연구에 따르면, 뚜렷한 표정은 모든 문화권에서 보편적이고 익숙한 반면, 일상적인 상호작용에서 짓는 미묘한 표정 대부분은 출신지에 따라 결정되고 수정되는 것 같다.[14]

예를 들어, 비교문화 심리학자 데이비드 마츠모토David Matsumoto와 동료들은 미국인이 일본인보다 행복, 슬픔, 놀라움 같은 감정을 더 강하게 받아들인다는 사실을 알아냈다. 마츠모토는 일본인이 어릴 때부터 감정을 잘 드러내지 말라고 교육받기 때문에 이런 현상이 나타난다고 주장했다.[15] 또 다른 연구에서, 표정을 통해 의사소통할 때 중국인은 눈에 더 의존하는 반면, 미국인과 유럽인은 눈썹과 입에 더 많이 의존한다는 사실도 드러났다.[16]

당신이 백인이라면, 표정을 정확하게 읽는 능력에 영향을 줄 수 있는 무의식적인 편견을 반드시 인식해야 한다. 연구에 따르면, 미국 백인은 다른 백인에 비해 흑인의 표정에서 감정을 읽는 능력이 떨어진다. 미국 백인은 흑인의 표정에서 감정을 잘못 해석할 때 실제론 분노하지 않는데도 분노를 포착할 가능성이 가장 컸다. 이는 흑인 아이들이 (교사와 안전요원을 비롯한 어른들뿐만 아니라) 백인 또래들과 상호작용할 때 상당한 영향을 미친다.[17] 발달심리학자 에이미 할버슈타트Amy Halberstadt와 동료들은 최근 연구에서 예비 교사 178명에게 아이들 사진 72장을 제시하고 감정을 파악하도록 요청했다. 예비 교사들은 흑인 아이들이 다른 감정을 표현할 때도 화난 표정을 짓는다고 말했다. 따라서 교사 워크숍과 교육은 비언어적 의사소통에서 인종 편견에 대한 인식을 높이는 데 초점이 맞춰져야 하며, 부모 역시 자녀들이 어릴 때부터 그 점을 인식하고 주의하도록 가르쳐야 한다.[18]

대체로 우리는 익히 아는 사람들의 표정에서 감정을 훨씬 더 잘 읽어낸다. 보통 가족을 시작으로 자신의 문화적, 인종적 집단의 구성원에게로 그 대상이 점점 확장된다. 따라서 잘 모르는 사람의 감정을 읽을 때는 실수할 수 있다는 점을 늘 염두에 둬야 한다. 아이에게도 사람마다 의사소통 방식이 다를 수 있으며, 관계를 새로 시작할 때 서두르지 말고 틈틈이 상대의 감정을 정확하게 읽고 있는지 확인해야 한다고 설명해줘야 한다.

유아기와 유년기 초기의 표정

나는 7주밖에 안 된 아들이 나를 보고 활짝 웃는 모습에 뛸 듯이 기뻤다. 여느 아기들과 마찬가지로, 녀석도 시력이 아직 발달하지 않고 표정을 조절하거나 양육자의 표정에 반응하는 능력이 거의 없는 상태로 세상에 나왔다. 그러나 시간이 지나면서 아기들은 주변 사람들에 대한 반응으로 뇌가 발달해, 두 달 정도 지나면 양육자를 인식하고 그에 따라 반응하기 시작한다. 결국엔 혼자서 미소를 지을 테고, 그에 대한 반응으로 양육자를 미소 짓게 할 것이다. 이는 가장 기본적인 형태의 사회적 상호작용이다.

다른 사람의 표정에서 감정을 파악하는 능력과 자신의 감정을 표현하는 능력은 생후 4주에서 6주 안에 어느 정도 규칙적으로 나타난다. 둘 중 무엇이 선행하는 능력인지에 대해서는 심리학자들 사이에 의견이 분분하지만 말이다.

아이는 몇 가지 기본 표정을 타고나긴 하지만, 주로 양육자와의 상호작용을 통해 얼굴 단서로 감정을 읽는 법을 배운다. 당신은 처음엔 아이 앞에서 본능적으로 과장된 표정을 지을 테고, 아이가 행복, 슬픔, 분노, 두려움 같은 기본 감정을 읽는 데 능숙해질수록 표정은 점점 더 미묘해질 것이다. 아이들은 단어를 사용하거나 개념을 이해하기 전에도 단순히 얼굴을 보는 것으로 많은 것을 감지할 수 있다. 이런 식으로 자신이 안전한지 아닌지도 알아낸다. 한 연구는 양육자가 표정과 어조 같은 비언어 단서로 격려한다면 아기들이 절벽처럼 보이는(실제론 투명한 합성수지로 덮인) 공간을 기어간다는 사실을 보여주었다.[19]

첫돌이 다가올 무렵, 아이는 자신의 감정적 행동을 어떻게 조절할지에 대한 힌트를 얻으려고 다른 사람들의 얼굴을 보기 시작한다. 이를 '사회적 참조social referencing'라고 한다. 예를 들어 당신이 걱정스러운 표정을 지으면 아이도 걱정할 가능성이 크다. 9개월에서 18개월 사이에 양육자와 아기는 '공동관심joint attention'을 시작하게 된다. 수십 년 동안 비언어적 의사소통을 연구해온 노스캐롤라이나 주립대학교의 할버슈타트 교수는 이 공동관심이 가장 중요한 비언어적 발달 지표 중 하나라고 주장했다.[20]

아이와 양육자가 서로 쳐다보고 나서, 어떤 대상 가령 개를 바라본다고 가정해보자. 양육자는 개를 힐끗 본 후에 웃으면서 "강아지가 있네"라고 말한다. 그런 다음 둘 다 시선을 개에게 돌리고 양육자가 "강아지"라는 말을 반복한다. 얼핏 단순해 보이는 이 상호작용은 비언어 단서를 학습하는 것뿐만 아니라 구두언어를 배우는 데도 상당한 영향을 미친다. 아이는 당신의 미소를 보고 안전하다고 느끼고, '강아지'라는 단어가 자신을 향해 걸어오는 개와 연관된다는 사실도 알아차린다. 그리고 단어를 반복해 들으면서 어휘력을 키우게 된다. (추가로, 아이는 개를 보면 행복한 감정을 떠올릴 수도 있다.)

이는 인간만의 독특한 상호작용이기도 하다.[21] 영장류를 인간 아이와 함께 키우는 과제를 맡은 과학자들은 비인간 영장류가 인간 유아보다 여러 발달 과제를 더 잘 수행할 수 있지만 '공동관심'을 수행하는 문제에선 또래 인간보다 뒤떨어진다고 지적한다.[22]

6개월에서 18개월 사이에, 아이는 흔히 접촉이라는 비언어 경로를 추가해서 다른 사람들의 얼굴을 손으로 탐색할 것이다. 어린아이가 당신의 입 가장자리를 위로 끌어올려 미소 짓게 하고는 좋아서 깔깔 웃으면, 당신은 그 소리를 듣는 것보다 더 즐거운 경험은 없다고 느낄 것이다.

발달심리학자 티파니 필드Tiffany Field가 수행한 연구에 따르면, 이 시기의 어린아이들은 표정을 읽는 능력보다 표정으로 의사를 전달하는 능력이 훨씬 더 발달한다.[23] 그리고 긍정적 감정보다 부정적 감정을 전달하고 읽는 걸 더 어려워한다. 아이는 무언가 잘못되었다는 점을 감지하긴 하지만, 슬픔과 분노와 두려움을 구별하지 못할 수 있다. 부정적 감정을 정확하게 전달하지 못하면 어린아이들도 오해를 살 수 있으니, 이런 불일치를 염두에 두고 다양한 표정과 그 의미를 아이에게 적극적으로 알려줘야 한다.

어린아이를 돌보는 동안 당신은 다양한 감정을 경험하게 된다. 때로는 감정이 분 단위로 격렬하게 요동칠 수도 있다. 갓난아기나 아장아장 걷는 아이, 심지어 유치원에 다니는 아이도 아직 자신의 욕구를 해소할 능력이 없어서 주변 어른에게 계속 무언가를 요구하는데, 끊임없이 방해를 받다 보면 때로는 짜증이 나거나 속상할 수도 있다. 이런 경우 감정을 억누르기보다는 가르침을 주는 순간으로 활용하자. 즉 부정적 감정이 어떤 모습인지, 또 어떻게 대처해야 하는지 본을 보여줄 기회로 삼는 것이다. 짜증났을 때 아이에게 이렇게 말하자. "내가 지금 짜증이 나는구나. 너도 내 얼굴에서 짜증이 보일 거야. 기분이 나아질 때까지 잠시 나가 있을게. 그리고 행복한 얼굴로 돌아올게."

어린아이에게 표정을 알려주기 위한 팁

① 스스로 다양한 표정을 지어라

유아기와 유년기 초기 아이들은 주로 양육자를 모방하면서 자신을 표현하는 법을 배운다. 그런데 대다수 어른은 자신의 표정을 분석하는 데 많은 시간을 할애하지 않는다. 잠시

거울을 들여다보면서 행복과 슬픔, 분노와 두려움에 대한 당신의 표현력을 평가해보라. 그런 다음 새로 고안한 표정을 아이 앞에서 시도해보자. 표정을 더 크게 과장할수록 어린아이들은 당신과 더 많이 교감할 것이다.

② 아이와 함께 다양한 표정을 지어보라

다른 여러 비언어 경로와 마찬가지로 표정도 직접 가르치는 경우가 드물지만, 실제로는 가르칠 수 있다. 아기에게는 까꿍 놀이나 '거울 속의 저건 누구니?' 같은 간단한 게임으로 표정 읽는 연습을 시키고, 표정으로 감정을 전달하는 방식을 이해하도록 도울 수 있다. 아이가 성장해 언어를 습득할 때는, 당신은 계속해서 아이와 여러 표정을 지어보고, 아이가 다양한 강도로(가령 화났다, 조금 화났다, 매우 화났다 등) 표정을 짓도록 격려할 수 있다.

해당 표정이 적절하거나 부적절한 상황에 대해서도 가르칠 수 있다. 예를 들어 "네가 원했던 커다란 아이스크림콘을 받았으니 정말 행복하겠다. 행복한 표정을 지어봐!"라고 말한다. 그런데 다음 순간 아이가 아이스크림을 떨어뜨렸다면 "이런! 아이스크림콘을 못 먹게 돼서 정말 슬프겠다. 그럼 슬픈 표정을 지어보렴" 하고 요청하는 식이다. 아이는 표정과 감정을 연결하게 되고, 상황에 맞게 자신을 표현하기 위해 비언어 단서를 사용하는 법을 파악하게 될 것이다.

③ 사진을 활용하라

아이와 함께 휴대폰 사진을 훑어보면서, 사람들이 어떤 표정을 짓고 있는지 물어본다. 그런 다음 그 표정을 적절한 감정과 연결한다. 예를 들어 "할머니가 웃고 계시네. 행복하신가 보다" 또는 "오빠가 잔뜩 노려보고 있는 걸 보니 화가 났나 봐"라고 말한다. 아이들은 대체로 포즈를 취하고 사진 찍는 걸 좋아하므로, '모델과 사진작가' 게임을 할 수도 있다. 아이가 미소를 짓거나 얼굴을 찡그리거나 놀라거나 두려운 표정을 짓는 동안, 사진을 찍어준다. 반대로 당신이 표정을 짓고 아이더러 사진을 찍게 해도 좋다. 그런 다음, 함께 사진을 보면서 서로 다른 감정과 그 감정을 얼마나 잘 표현했는지 이야기할 수 있다.

④ 그림책을 읽으며 등장인물의
얼굴에 드러난 감정에 관해 이야기해보라

동화책에는 이야기 흐름에 따라 감정적 여정을 떠나는 등장인물들이 있다. 책을 읽어주다가 삽화에 어떤 감정이 드러나 있으면, 아이에게 어떤 감정인지 말해보라고 한다. 모 윌렘스$^{Mo\ Willems}$가 쓰고 그린 《코끼리와 꿀꿀이》 시리즈는 이런 연습에 특히 잘 어울린다. 이야기가 끝난 후, 당신은 코끼리 제럴드가 말뿐만 아니라 표정으로 어떻게 자신을 표현하는지, 절친인 꿀꿀이 피기가 어떤 반응을 보이는지 아이와 이야기할 수 있다. 당신과 아이는 책 속 등장인물의 얼굴을 흉내 내며 놀 수도 있다.

〈잭과 질〉 같은 전래 동요를 부르는 것도 좋은 자극제가 될 수 있다. 운율이 끝날 때쯤, 아이에게 결말과 일치하는 감정을 (비언어로) 표현해보라고 하자. 잭이 쓰러지고 질이 뒤따라 넘어지는 상황에서 아이는 어떻게 느끼는가? 아이가 그 감정을 표정으로 표현할 수 있는가?

⑤ 어린아이와 함께 있을 때는 늘 표정에 주의를 기울여라

대다수 부모와 양육자는 아이들, 특히 아주 어린 아이들이 표정을 통해 얼마나 많은 감정 정보를 습득하는지 잘 모른다. 당신이 아이와 상관없는 일로 화가 났고, 그 결과로 분노나 슬픔, 두려움이 얼굴에 드러난다면, 아이는 그 감정이 자기 때문인 양 반응할 수 있다. (우리 어른들도 파트너나 배우자가 우리와 무관한 일로 화가 났을 때 똑같은 실수를 할 때가 있다. 하지만 어린아이들과 달리 우리는 말로써 그 감정이 우리를 향하는지 아닌지 알아볼 수 있다.) 아이와 함께 있을 때는 이 점을 염두에 두고 당신의 표정이 아이가 받기를 바라는 메시지와 일치하는지 확인해야 한다.

⑥ 식사는 가급적 아이와 함께 먹어라

아이에게 표정을 관찰하고 연습할 기회를 추가로 제공하는 간단하면서도 효과적인 방법이 있다. 가족 식사를 우선순위에 두고, 식탁을 스크린 없는 공간으로 만드는 것이다. 연구에 따르면, 가족이 둘러앉아 식사하는 시간은 비언어적 소통을 익히는 데 무척 좋다. 게다가 가족과 함께 일주일에 세 번 이상 식사하는 아이들은 인간관계가 더 좋고, 학교생활도 더 잘하며, 역경에 직면했을 때 회복력이 더 뛰어나고, 곤경에 빠질 가능성도 더 적다.[24]

식사 시간에 당신은 아이에게 적절한 표정과 전반적인 상호작용의 모범을 보여줄 수 있다. 친척들과 친구들 등 다른 사람들도 함께 자리한다면, 더 폭넓은 유형의 비언어에 아이를 노출할 뿐만 아니라 관계가 어떻게 작용하는지, 또 그 관계가 얼마나 중요한지를 보여줄 수 있다. 나는 저녁 식사를 하면서 할아버지가 젊은 시절 할머니의 따뜻한 미소를 멀리서 보고 홀딱 반해서 할머니와 사귀게 되었다고 말해준 걸 아직도 기억한다. 그 미소 덕분에 내가 존재할 수 있었던 것이다! 가족 식사 시간은 아이에게 풍부한 비언어 학습의 기회이다. 하루 일정에 집어넣을 만한 가치가 충분하다.

유년기 후기의 표정

나는 한 상담교사의 요청으로 당시 3학년이던 마이클을 처음 만났다. 그 상담교사는 마이클이 귀엽고 유쾌한 아이인데 도무지 친구를 사귀지 못해 의아하다고 말했다. 점심시간, 나는 식탁에 혼자 앉아 있는 마이클을 보고서 살짝 충격을 받았다. 입은 꽉 다물고 코는 무언가 끔찍한 냄새를 맡은 듯 잔뜩 찡그린 상태였다. 잠시 후, 마이클에게 다가가 기분이 어떠냐고 물었다. 표정으론 전혀 다른 이야기를 들려주고 있는데도 특별히 나쁘지 않다고 말했다. 마이클은 자신의 평소 표정이 어떤지, 그 표정이 또래들에게 얼마나 불쾌감을 주는지 전혀 알아차리지 못했다.

유년기 후기에, 아이들은 그동안 익힌 온갖 표정을 학교에 다니면서 죄다 시험해보게 된다. 그전까지는 아이가 감정을 읽고 표현하다 실수를 하면, 부모가 이를 지적하고 코치해주었다("캐시, 지금 웃으면 안 돼. 네가 테일러의 기분을 상하게 했잖아! 봐, 너 때문에 테일러가 울고 있잖니"). 아이가 학교에 다니기 시작하면, 부모는 코치 역할을 다른 사람과 분담해야 한다. 처음엔 교사와 분담하고, 나중엔 아이의 비언어에 대해 까다롭지만 잠재적으로 유용한 피드백을 제공하는 또래들과 분담하게 된다.

실제로 표정은 (선택, 시작, 심화, 전환 등) 관계의 모든 단계에서 매우 중요한 역할을 한다. 특별한 감정을 느끼지 않을 때 나타나는 표정, 즉 '평소 표정resting face'은 특히 관계를 효과적으로 선택하고 시작할 때 중요하다. 대화 상대를 찾으려고 파티나 행사장을 둘러볼 때, 슬프거나 두렵거나 화난 듯 보이는 사람보다는 긍정적이고 매력적인 표정을 지닌 사람을 선택할 가능성이 더 크지 않은가. 이는 아이들도 마찬가지다.

평소 표정이 사람들에게 어떤 인상을 주는지를 아는 것은 관계 시작에 좋은 출발점이 될 수 있다. 아이나 어른이나 대부분 평소 표정이 어떤지 잘 모르는데, 평소 표정은 다행히도 쉽게 배울 수 있다. 마이클은 거울로 여러 표정을 시험해본 후, 평소 표정을 조정해서 자신의 감정을 좀 더 정확하게 드러낼 수 있게 됐다. 상담교사의 후속 보고에 따르면, 마이클은 곧 친구들과 잘 지내게 되었다.

특별한 종류의 표정, 눈 맞춤

눈 맞춤은 강력한 형태의 의사소통 수단이다. 그런데 상대를 바라보는 방식과 그 지속 시간에 매우 엄격한 규칙이 있다. 상호작용이 일어나는 내내 눈을 떼지 않고 당신을 똑바로 쳐다보는 사람과 대화를 나눠봤다면, 그게 얼마나 불편한지 잘 알 것이다. 반면 상대가 당신과 좀체 눈을 마주치지 않으려 한다면, 수상하거나 불안해 보일 것이다. 따라서 눈 맞춤에도 균형이 필요하다.

눈 맞춤은 매우 직관적이고 상황에 따라 달라지기 때문에 가르치기가 까다롭다. 얼마 동안 눈을 마주쳐야 적당한가? 언제 상대의 얼굴을 바라보고 언제 시선을 돌려야 하나? 지나치게 집중해 상대를 불편하게 하지 않으면서도 상대가 하는 말에 관심이 있다는 사실을 어떻게 보여줄 수 있을까? 아이에게 눈 맞춤 규칙을 간단한 용어로 설명하는 방법은 다음과 같다. "네가 말할 때보다 듣고 있을 때 다른 사람들을 보는 시간이 더 길어야 한단다." 앞 장에서 나는 리듬과 타이밍이 흔히 다른 비언어적 의사소통 경로와 밀접하게 연관되어 있으며, 눈 맞춤도 그중 하나라고 말했다. 아이들이 좋은 관계를 맺고 깊이 발전시켜 나가길 바란다면, 눈을 맞추고 떼는 적절한 타이밍을 배울 수 있도록 격려해야 한다.

얼마나 오랫동안 눈을 맞춰야 하느냐는 얼마나 자주 맞춰야 하느냐만큼 중요하다. 흔히 2초에서 4초 정도가 적당하다고 여겨진다. 그보다 더 짧으면 '힐끗' 보는 것이고, 더 길면 '뚫어지게' 보는 것이다. 일반적으로 아이나 어른이나 50/70 법칙을 따라야 한다. 즉 말할 때는 해당 시간의 약 50퍼센트, 들을 때는 약 70퍼센트 동안 눈을 맞추면 된다.[25]

눈 맞춤은 아이가 태어난 첫날부터 모범적으로 보여줄 수 있다. 우유를 먹일 때, 침대에 눕힐 때, 놀아줄 때 아이의 눈을 똑바로 바라보자. 걸음마를 걷는 아이가 음식이나 장난감을 달라고 하면, 이에 바로 응하지 않고 아이가 눈을 맞출 때까지 기다린다. 아이가 뭘 부탁하거나 고맙다고 인사할 때도 눈 맞춤이 동반되어야 한다는 점을 알려주자. 아이를 위해 잠시라도 스크린을 꺼두면 아이에게 눈 맞춤을 보여줄 기회가 더 많이 생길 것이다.

앞에서 언급했듯, 줌 수업이 1년 넘게 진행되다 보니 아이들이 사회적 상호작용에서 눈 맞춤을 제대로 시도할 기회가 별로 없었다. 다행히도 더 큰 아이들에게는 이 기술을 직접 가르칠 수 있다. 학령기 아이가 당신에게 말하면서도 눈을 맞추지 않는다면, "너는 내가 아니라 벽에 대고 말하는구나"라고 지적할 수 있다. 또는 "내가 말할 때 나를 쳐다보니 정말 좋다"라거나 "나를 바라봐줘서 고마워. 네 커다란 눈이 보이니까, 네가 어떻게 느끼는지 알 수 있겠다"와 같은 말로 눈 맞춤을 긍정적으로 강화할 수도 있다.

그와 동시에 뚫어지게 쳐다보는 것과 힐끗 쳐다보는 것의 차이를 알려줄 수도 있다. 요점을 명확히 전달하기 위해 아이와 눈싸움을 하는 것도 한 방법이다. 그런 다음, 누군가를 쳐다보는 적당한 시간이 2초에서 4초라고 설명하고, 아이와 함께 더 오래 혹은 더 짧게 쳐다보는 연습을 한다.

다른 표정과 마찬가지로, 눈 맞춤도 문화에 따라 다르게 배운다는 점을 명심하자. 미국에선 관계를 시작하기 위해 웃으면서 눈을 마주치라고 가르친다. 반면 일부 아시아와 중동 국가들에선 직접적인 눈 맞춤을 무례하거나 심지어 공격적이라고 여긴다. 특히 중국에선 눈을 마주치면 무례하다고 여겨 교류할 때, 특히 어른들

> 과 교류할 때는 시선을 계속 아래에 두어야 한다고 배운다. 교사
> 와 부모는 이러한 차이를 인식하고 아이들에게 올바로 알려줘야
> 한다.[26]

유년기 후기 아이에게 표정을 알려주기 위한 팁

① 아이의 표정을 관찰하라

기회가 있을 때마다 아이가 또래와 어울려 노는 모습을 관찰하자. 아이가 친구들과 먹고 놀고 이야기하는 동안, 자기 감정을 표현하기 위해 표정을 얼마나 잘 사용하는지 살펴보자. 아이가 다른 사람들과 눈을 맞추는가, 아니면 한참 동안 시선을 돌리거나 바닥을 내려다보는가? 아이가 가령 슬퍼 보이는 아이에게 다가가 같이 놀자고 하는 등 다른 아이들의 표정을 살피는가? 누군가가 자신을 놀이에 끼워주면 신나서 미소를 짓는가? 아이의 평소 표정이 무슨 말을 하는지 알아내는 것도 중요하다. 아이가 창밖을 내다보거나 책을 들고 조용히 앉아 있을 때 어떤 표정인지 관찰하자. 또는 그간에 찍은 사진을 훑어보면서 아이가 카메라를 보지 않거나 포즈를 취하지 않을 때는 어떤 표정을 짓는지 살펴보자. 이러한 표정이

감정적으로 어떻게 전달되는지도 주목한다.

② 이야기를 활용하라

이야기를 활용해서 아이에게 표정을 가르칠 수 있다. 아이가 학교에서 있었던 일을 들려준다면, "그 친구는 그 일을 어떻게 생각하니?" 그리고 "넌 그걸 어떻게 알았니?"라고 물어볼 수 있다. 아이의 반응을 살피면서 상황마다 다른 표정을 지어야 한다고 설명해준다. "친구를 보고 활짝 웃는 행동은 친구를 맞이하는 좋은 방법이야"라거나 "친구가 슬퍼하면 너도 슬픈 표정을 지어서 공감한다는 것을 알려줄 수 있어"라고 말할 수 있다. 아이와 함께 책이나 잡지를 보며 사람들의 표정이 어떤 감정을 나타내는지 물어본다. TV프로그램이나 영화를 보다가 음소거를 하여 아이가 표정에 집중할 수 있게 하는 것도 좋다. 다양한 장면에서 일시 정지 버튼을 누르고 아이에게 그 순간 등장인물이 어떤 기분일지, 왜 그렇게 생각하는지 물어보자. 특히 드라마는 다양한 강도의 감정을 접하는 데 유용하다. 다만 내용이 아이 나이에 맞는지 꼭 확인해야 한다.

③ 아이에게 평소 표정에 대해 알려줘라

아이에게 평소 표정의 개념을 소개하고, 사람들이 다가와서 같이 놀고 싶어 하도록 행복하고 반가운 표정을 짓는 게 얼마나 중요한지 설명해준다. 아이에게 평소 얼굴 사진을 보여줄 수도 있고, 함께 산책하거나 대중교통을 이용할 때 다른 사람들의 표정을 파악해보라고 할 수도 있다. 그런 다음 아이에게 거울을 보여주면서 다양한 표정을 연습시키고, 각 표정이 전달하는 바를 이야기한다.

④ 아이에게 연극이나 즉흥 연기 수업을 듣게 하라

연기 수업을 들으면 표정 기술을 크게 연마할 수 있다. 표정 기술은 배우들이 캐릭터의 감정을 표현하는 주요 방법 가운데 하나이다. 아이는 캐릭터의 감정을 관객에게 전달하는 방법을 배우면서, 무대 밖에서 자신을 표현하는 방법도 배우게 된다.

전문가의 도움이 필요한 때

아이가 표정 때문에 너무 힘들어하는 것 같으면, 전문가에게 비언어적 정확성 진단분석DANVA을 받아볼 수 있다. 전문가들은 이 분석 결과를 활용해서 아이들이 (높은 강도와 낮은 강도 양쪽에서) 식별할 수 있는 감정과 식별하지 못하는 감정을 파악한다.

...

　사람들은 대부분 표정이 상호작용에서 중요한 역할을 한다는 사실을 잘 알지만, 이러한 감정적 메시지가 전달되는 물리적 공간엔 관심을 덜 기울인다. 하지만 개인적 공간을 지배하는 용인된 규칙을 지키는 일은 인간관계가 전개되는 방식에서 매우 중요하다. 이와 관련된 내용을 다음 장에서 소개한다.

PERSONAL SPACE

개인적 공간

됐어, 그만 다가와!

나는 화요일마다 에모리 캠퍼스를 벗어나 애틀랜타의 더 큰 지역으로 차를 몰고 가서, 정서적으로 몹시 불안정한 아동과 청소년을 치료하는 센터의 직원들과 의논한다. 지난 27년 동안 매주 해온 일이지만, 센터에 도착할 때 어떤 상황과 마주하게 될지는 알 수 없다. 어느 봄날 아침, 나는 안으로 들어가서 직원들이 아이들을 다룰 때 어떤 문제로 고심하는지 살펴보려고 센터 여기저기를 둘러봤다. 그러다 한 교실에 막 들어섰는데, 앞줄에 앉아 있던 라울이라는 열네 살 깡마른 소년이 일어나 나를 향해 걸어오기 시작했다.

나는 라울의 접근을 흥미롭게 바라보면서 가만히 서 있었다. 녀석이 언제 멈춰서 말을 건넬지 궁금했다. 그런데 녀석은 멈출 생각을 안 하고 내 쪽으로 계속 걸어왔다. 나는 얼마나 가까이 다가오나 지켜보기로 했다. 녀석은 코가 거의 맞닿을 정도로 가까운 곳에 멈추었다. 그러고는 내 얼굴에 대고 이렇게 말했다. "반갑습니다, 박사님. 어떻게 지내셨어요?" 녀석의 숨결이 느껴질 정도였다. 너무 가까워서 나는 그의 얼굴에 초점을 맞추기가 어려웠다.

"잘 지냈단다, 라울. 너는 어떻게 지냈니?"

"저도 잘 지냈어요. 참 기분 좋은 날이네요, 그렇죠?"

"그렇구나. 하지만 네가 한 발짝만 물러서면 훨씬 더 좋은 날이 될 것 같은데?"

이렇게 말한 뒤 나는 라울에게 팔을 앞으로 뻗어 우리 사이의 공간을 측정해보라고 했다.

"다른 사람과 인사할 때는 이 정도 거리를 둬야 한단다."

센터 직원들은 라울의 사회적 기술, 특히 사람들을 대하는 방식을 개선하려 애써왔다. 그래서 그간에 가르친 내용을 나한테 시험해보기로 했던 것이다. 하지만 인사할 때 사용할 적절한 단어는 제대로 알려주었지만, 개인적 공간이라는 똑같이 중요한 비언어에 대해서는 가르쳐주지 않았던 모양이다. 눈에 보이지 않는 이 공간 버블space bubble이 있어야 우리의 비언어적 메시지가 원활하게 오갈 수 있다.

개인적 공간이 중요한 이유

여느 동물과 마찬가지로, 인간도 외부 침입자에게서 자기 영역을 보호하려는 본능이 있다. 그래서 앞마당에 낯선 사람이 나타나면 주시한다. 낯선 차가 (단순히 다른 방향으로 가려고 후진하느라) 우리 집 진입로에 아주 잠깐 들어오더라도 왠지 불안해한다. 저녁 식사에 손님을 초대하거나 집에서 파티를 열 때, 침실 서랍을 뒤지는 손님을 발견하면 기분이 썩 좋지 않다. 게다가 우리는 개인적 공간, 즉 우리 몸에서 사회적 세계로 뻗어나가는 휴대용 힘의 장場에 대해서도 소유욕을 지닌다.

라울이 나한테 했던 것처럼 누가 우리의 개인적 공간을 침범하면, 대개 위협에 대한 반사적 반응인 '도피' 반응이 촉발된다. 즉 뒷걸음질 치거나 옆으로 비켜서는 식으로 잃어버린 공간을 되찾으려 한다. 개인적 공간 연구자이자 신경심리학자인 마이클 그라치아노Michael Graziano는 뇌에서 이러한 본능적 반응을 활성화하도록 특화된 뉴런을 발견했다. 그는 이것을 '신변 뉴런peripersonal neurons'이라고 부르며, 이것이 방사능 측정 장비인 가이거 계수기처럼 작동한다고 설명했다. 즉 우리의 주변 영역을 스캔하고 다른 사람이나 사물의 거리에 대한 정보를 수집한 다음, 개인적 공간의 침범을 감지하면 반응을 촉발한다는 것이다.[1] 이 감시 시스템이 작동하는 모습을 보고 싶은가? 그렇다면 길을 건너는 사람들이 어떻게 서로 충돌하지 않는지 지켜보라. 어떤 보행자는 전혀 주의를 기울이지 않거나 심지어 핸드폰을 내려다보며 걷는데도 사람들과 전혀 부딪히지 않는다. 참으로 놀랍다.

나는 에모리대학의 심리학과 학생들에게 신변 뉴런의 기능을 더 잘 이해시키고 개인적 공간의 경계를 더 잘 인식시키기 위해 다음과 같이 설명한다. 일단 두 학생에게 (약 6미터 떨어진) 교실의 양쪽 반대편에 서서 상대를 향해 걸어가라고 말한다. 그런 다음 불편하다고 느껴지면 바로 멈추라고 한다. 그들은 대체로 1미터 남짓한 거리를 두고 서서히 멈춘다. (물론 성별과 문화적 배경에 따라 멈추는 지점은 조금씩 다르다.) 학생들이 편안함의 한계에 도달했을 때 하는 행동은 다르지 않다. 그들은 멈추기로 선택할 뿐만 아니라 단단한 물체와 부딪친 듯 몸을 뒤로 살짝 뺀다. 신변 뉴런의 경고 시스템이 활성화되었기 때문이다.

일상생활에서 우리는 항상 다른 사람들과 편안한 거리를 유지하려고 노력한다. 그 점을 인식하든 못하든 우리는 어디에 누구와 있는지 그리고 어떻게 느끼는지에 따라 끊임없이 거리를 조정한다. 불안하다고 느낄 때는 자신을 보호하려고 다른 사람들과 더 거리를 두고, 느긋하고 편안할 때는 다른 사람들이 더 가까이 오도록 허용한다.

문화인류학자 에드워드 T. 홀Edward T. Hall은 1966년에 발표한 저서 《숨겨진 차원The Hidden Dimension》에서 대다수 미국인이 개인적 공간으로 용인하는 영역을 다음과 같이 설명했다.[2] 첫 번째는 친밀한 영역intimate zone이고, 그 범위는 약 0.5미터다. 보통 가까운 친구와 가족만 이 공간에 들인다. 이 공간에서 활동할 때는 주로 사적인 정보와 감정을 교환한다. 그래서 주변에 다른 사람이 있으면 목소리를 낮춰서 친밀한 영역에 있는 사람만 들을 수 있게 한다. (아이들은 이 가장 가까운 영역에서 목소리 크기를 조절하도록 배우지 못하면 큰 소리로 속삭일 수도 있다.)

친밀한 영역 바로 너머에는 사적 영역personal region이 있다. 범위는 약 1.2미터까지 확장된다. 일상적 상호작용 중 상당수는 이 영역에서 일어난다. 이는 길에서 아는 사람을 만났을 때 두 사람 사이에 두는 일반적 공간이다. 아울러 상점 점원이나 이웃과 이야기할 때도 이 정도 거리를 둔다. 이곳에선 친밀한 영역보다 목소리가 더 커지지만, 여전히 비교적 사사로운 이야기가 오간다. 누가 우연히 두 사람의 그런 상호작용 영역을 지나친다면, 무슨 말을 하는지 엿들을 수는 있지만 규범에 따라 끼어들지 않으려 애쓸 것이다.

다음은 홀이 사회적 공간social space이라고 부르는 영역으로, 그 범위는 약 3.7미터까지 확장된다. 이 영역에선 논의하는 내용을 다른 사람들도 들을 수 있게 하려고 목소리를 높인다. 학생이 20명 정도 있는 교실의 교사나 관광가이드가 이 영역을 주로 이용한다. 여기선 쉽게 눈에 띄고 말소리도 잘 들리기 때문에, 은밀한 문제나 사사로운 문제는 논의하지 않는 편이다.

마지막으로 공적 영역public zone이 있다. 이는 사회적 영역의 약 3.7미터를 넘어선 범위이다. 연설 같은 공적 행사가 이 영역에서 일어나며, 사회적 상호작용은 별로 일어나지 않는다. 이 정도 떨어진 거리에서, 우리는 누군가의 자세가 드러내는 메시지를 읽을 수 있다. 하지만 몸짓을 비롯한 여러 비언어적 행동을 주목받게 하려면 더 과장해야 한다.

신변 뉴런은 거리와 상관없이 위협 신호를 감지하기 위해 이러한 영역을 지속적으로 모니터링한다. 홀에 따르면, 우리는 여타 동물과 마찬가지로 침입자에 대한 우리의 편안함 수준을 재빨리 확립하는 능력을 타고났다. 하지만 동물과 달리, 가족, 공동체, 지배적인 사회 규범과의 경험을 바탕으로 이를 조정해나간다. 그 결과, 우리를 둘러싼 공간 버블의 크기는 우리가 태어난 나라와 문화뿐만 아니라 가정에서 관찰한 행동에 따라 어느 정도 달라진다. 예를 들어 미국과 영국 사람들은 가장 큰 공간 버블을 지니는 반면, 남유럽과 중동 사람들은 그보다 훨씬 좁은 공간에서도 그리 불편해하지 않는다.[3]

어쨌든 우리는 생판 모르는 사람이 우리의 공간 버블을 침범하는 상황에 적응해야 한다. 텅 빈 엘리베이터 안쪽에 혼자 있는 모습을 상상해보라. 당신은 약간 늘어진 자세로 편안히 서 있다. 그런데 엘리베이터가 어느 층에서 멈춘다. 문이 열리고 누군가가 들어오자 장면이 극적으로 바뀐다. 당신은 얼른 몸을 똑바로 세운다. 당신과 새로운 탑승자는 엘리베이터 영역을 절반씩 나눠 쓰기 위해 본능적으로 살짝 옆으로 비켜선다. 그러다가 사람이 더 들어와 엘리베이터가 붐비게 되면 당신의 개인적 공간 버블은 줄어든다. 그 결과, 보통 때 같으면 위협을 느꼈을 영역에 생판 모르는 사람들을 들이게 된다. 그렇다면 붐비는 엘리베이터 안에 계속 서 있으면서 어떻게 신변 뉴런의 경고를 받지 않을 수 있을까? 우리는 무리 속에 있지만 실제론 혼자라고 확신하기 위해 할 수 있는 모든 일을 한다. 가령 시선을 문에 고정한 채 꼼짝하지 않고 서 있거나 고개를 숙이고 바닥이나 휴대폰을 뚫어지게 쳐다본다. (비행기에서 낯선 사람 옆에 앉을 때도 몇 시간이고 이와 비슷하게 행동한다.) 다음에 여러 사람과 함께 엘리베이터를 타게 된다면, 고개를 오른쪽이나 왼쪽으로 (약 5도 정도) 살짝 돌려 무슨 일이 벌어지는지 살펴보라. 이렇게 작은 움직임만으로도 혼자라는 환상이 깨지고, 옆 사람에게서 '뭘 봐?'라는 식의 다소 냉담한 비언어 반응을 얻게 될 것이다.

홀은 이러한 영역이 우리를 중앙에 두고 동심원 모양으로 펼쳐진다고 상상했다. 하지만 듀크와 나는 우리의 개인적 공간 버블을 완벽한 원 모양으로 상상하지 않았다. 우리는 연구를 진행할 때, 중앙에 점이 하나 있고 동심원이 주변으로 뻗어나가는 방을 그렸다. 그리고 수많은 사람에게 방 한가운데 서 있는 자신을 상상해보라고 했다. 그런 다음, 나이와 성별과 인종이 다른 다양한 사람이 정면, 후면, 측면에서 그들을 향해 걸어올 때 멈췄으면 하는 위치를 표시해달라고 요청했다. (어린아이들에게는 장난감 인형을 이용해서 시각화 작업을 더 쉽게 했다.) 이 연구를 통해서 우리는 개인적 공간 영역이 어떻게 생겼는지에 관한 상세한 이미지를 포함해, 개인적 공간을 둘러싼 통념에 관한 정보를 풍부하게 확보할 수 있었다.[4]

가장 먼저 알아차린 점은 사람들의 개인적 공간 버블이 앞쪽보다 뒤쪽에 더 깊게 존재한다는 사실이다. 개인적 공간의 주된 기능이 물리적 위해로부터 우리를 보호하는 조기 경보 시스템이므로, 이 점은 선뜻 수긍이 간다. 앞쪽에서 다가오는 위협은 눈으로 보며 판단할 수 있지만, 뒤쪽에서 다가오는 위협은 소리만으로 판단해야 한다. 그래서 사람들은 안전하다고 느끼기 위해 뒤쪽에 더 많은 공간이 필요하다. 이 데이터를 바탕으로, 우리는 인종과 나이와 성별을 함수로 해서 선호하는 대인 간격을 측정하는 '편안한 대인관계 간격

comfortable interpersonal distance, CID' 척도를 만들었다. 일반적으로, 여성은 남성보다 더 넓은 공간을 선호하는 것 같았고, 노인은 젊은 사람보다 더 많은 거리를 요구하는 듯했다. 어린아이들은 가장 좁은 공간 버블로 자신들을 보호한다. 게다가 자신들의 개인적 공간 영역에 누구를 들일지 어른들만큼 분별하지 못한다.[5]

개인적 공간을 적절하게 설정하면, 다른 사람들이 우리 주변에서 편하게 느낄 수 있다. 또한 표정과 자세, 몸짓, 발성, 접촉 같은 다른 비언어적 행동이 지나가는 매개 공간도 된다. 거리가 멀수록 다른 비언어 경로에서 나오는 감정적 단서를 포착하기가 어려워진다. 가령 표정을 읽기가 더 어렵고, 어조를 식별하기도 힘들다. 그와 마찬가지로, 누군가가 너무 가까이 서 있으면 우리는 그 사람의 표정이나 몸짓에 집중하기가 더 어렵고 우리 영역을 침해당했다고 느낀다. 그래서 개인적 공간을 이해하는 데 어려움을 겪는 아이들은 온갖 방식으로 곤란한 상황에 부닥칠 수 있다.

신경심리학자 마이클 그라치아노는 개인적 공간을 연구하는 데 평생을 바쳤지만, 네 살 난 자기 아들이 학교에서 말썽을 일으켰을 때 앞으로 무슨 일이 벌어질지 전혀 예상하지 못했다. 그라치아노의 아들은 명랑하고 똑똑했지만, 공간을 이동하는 데 어려움을 겪어서 걸핏하면 넘어지고 가구에 부딪히고 의자에서 떨어졌다. 그런데 아들이 학교에 들어가면서 문제가 악화되었다. 1학년 교사들은 아이가 책상에 앉아 다리를 떨거나 몸을 흔드는 행동을 성적인 몸짓으로 인식했고, 다른 사람과 우연히 부딪힌 것을 일종의 추행으로 보았다. 심지어 학교는 그라치아노와 그의 아내가 아동을 학대한다고 생각해 아동보호기관에 이들을 신고까지 했다. 전문가들은 조사를 벌이고 아이의 행동을 관찰한 후, 다른 해석을 내놓았다. 알고 보니, 그라치아노의 아들은 난독증을 앓고 있었다. 난독증이 있는 사람들은 다양한 어려움을 겪는데, 그라치아노의 아들은 신변 뉴런의 기능장애가 가장 두드러진 증상이었다. 전문가 덕분에 부모는 결백을 입증할 수 있었고, 아이는 비록 다른 학교로 옮기긴 했지만 어쨌든 필요한 도움을 받을 수 있었다.[6]

개인적 공간의 활용을 뒷받침하는 신경 메커니즘을 선도적으로 발견한 연구자 중 한 명인 그라치아노는 아들이 다른 사람들과의 관계에서 자기 몸을 주체하지 못하는 이유를 이해했다. 하지만 아들이 주변 공간에서 자신의 움직임을 능숙하게 처리하지 못하는 현실엔 여전히 충격을 받았다. 그는 《우리 사이의 공간The Spaces between Us》에 이렇게 썼다. "나는 개인적 공간을 연구했다. 연구실에서 골머리를 썩여가며 수년 동안 연구했다. 하지만 실생활에 전혀 준비되지 못했다. …

개인적 공간은 인간 상호작용의 근본적 발판이다. … 눈에 보이진 않지만 우리에게 항상 영향을 미치는 거대한 존재다."[7]

그 일을 겪은 뒤, 그라치아노는 다섯 살밖에 안 된 아이에게도 개인적 공간을 관리하는 일이 얼마나 중요한지 깨달았다.

아무 교사에게나 교실에 '영역 침범자'가 있는지 물어보면, 다른 사람들의 개인적 공간을 끊임없이 맴돌고 건드리고 침범하는 아이들에 대해 들려줄 것이다. 이러한 행동은 흔히 (그라치아노의 아들 사례처럼) 심각한 신경장애의 결과는 아니다. 하지만 사소한 실수조차 매우 실질적인 대가를 초래할 수 있다. 만약 어떤 아이가 다른 아이들의 공간을 자꾸 침범한다면 (심지어 이런 일이 우연히 악의 없이 일어난다 해도), 반 친구들은 그 아이를 멀리할 테고, 행동을 교정하지 않으면 그 아이는 결국 사회적 고립감을 느끼게 될 것이다.

물론 팬데믹 기간에 아이들은 사회적 거리두기의 형태로 개인적 공간에 대해 확실히 배웠다. 바닥에 그려진 발자국과 복도에 붙여진 색 테이프는 사람들과 얼마나 떨어져 있어야 하는지 명확하게 알려주었다. 그런데 공중 보건 위기 상황에서 매우 유용했던 '2미터 거리두기 규칙'은 우리가 오랫동안 지켜온 기존의 인간관계 영역을 없애는 부작용을 초래하기도 했다. 하버드 의과대학의 다프네 홀트Daphne Holt 교수는 팬데믹 기간 실시한 검사에서 사람들의 개인적 공간 선호도가 평균적으로 40~50퍼센트 증가했다는 사실을 발견했다. 특히 코로나19에 감염될 위험성이 높다고 인식한 경우엔 더욱 그랬다. 흥미롭게도 바이러스에 걸릴까 봐 두려워하는 사람들은 감염 가능성이 없는 가상 시험 환경에서 상호작용할 때조차 다른 사람들과 멀리 떨어졌다.[8]

개인적 공간을 둘러싼 팬데믹 시대의 규칙은 전부터 비언어 경로와 씨름하던 아이들에게 더 많은 문제를 일으켰을 수 있다. (다른 비언어기술과 마찬가지로) 개인적 공간의 규칙도 흔히 시행착오를 거치며 배우는데, 팬데믹 시기처럼 공간 경계가 엄격하게 규정되고 강요될 때는 아이들이 혼자서 그런 규칙을 연습하고 배우기가 어렵다. 팬데믹 시대에 강요된 규칙이 장기적으로 적절한 개인적 공간에 대한 아이들의 인식에 어떤 영향을 미칠지는 확실하지 않다. 다만 아이들은 적절한 거리가 명시적으로 규정되지 않은 공간에서 다른 경계뿐만 아니라 각자의 특별한 경계도 파악하고 존중하는 법을 (다시) 배워야 할 것이다.

말할 필요도 없이, 스크린에서 보내는 시간이 늘어난 점은 아이들이 개인적 공간을 이해하고 활용하는 데 도움이 되지 않는다. 점점 더 많은 젊은이가 물리적 차원이 없고 공간과 공간의 매개변수에 대해 잘못된 정보를 제공하는 사이버 공간에서 많은 시간을 보내고 있다. 직접 만나 어울리면서 자신과 다른 사람들 사이에 적절한 거리를 파악하고 설정하는 연습을 해볼 기회가 줄어들다 보니, 일부 아이들은 개인적 공간의 경계를 이해하는 데 어려움을 겪는다. 얼마 전, 나는 학교 복도에서 한 교사와 이야기를 나누고 있었다. 그때 일곱 살 남자아이가 우리 쪽으로 걸어왔다. 녀석은 공간이 충분한데도 굳이 우리 사이를 뚫고 지나갔다. 교사가 녀석을 불러 세웠다. "지크, 두 사람이 이야기를 나누고 있으면 어디로 지나가는 게 맞지?"

녀석의 얼빠진 표정을 보자, 굳이 대답을 듣지 않아도 될 듯했다. 개인적 공간에서 발생하는 실수는 대부분 학습이나 경험 부족에서 비롯되기 때문에 쉽게 바로잡을 수 있다. 실질적인 면에서, 팬데믹 시대에 강요된 2미터 거리두기 규칙은 개인적 공간의 적절한 활용법을 가르친 뛰어난 사례다. 많은 사람이 처음으로 개인적 공간 버블을 눈으로 확인하게 되었고, 이를 적극적으로 조정하면서 상호작용하는 새로운 방법을 빠르게 익혔다. 아이가 개인적 공간의 경계를 이해하지 못한다면, 몸과 몸 사이의 적절한 거리를 구체적으로 보여주는 식으로 이를 도와줄 수 있다.

유아기와 유년기 초기의 개인적 공간

아기들은 어느 시점에서 개인적 공간을 인식하게 될까? 심리학자 토머스 호너Thomas Horner는 아기들이 태어난 첫해에 낯선 사람들에게 어떻게 반응하는지 면밀히 살펴보았다. 생후 6개월까지는 낯선 사람이 자기 주위를 맴돌거나 볼을 꼬집어도 대체로 두려워하는 기색 없이 긍정적으로 반응한다. 그러나 생후 6개월 무렵부터 달라진다. 아기들은 낯선 사람을 경계하기 시작하고, 그 낯선 사람이 상호작용을 통제하고 자신의 개인적 공간을 침범할 땐 싫다는 반응을 확실히 드러낸다. 호너 박사의 표현대로, 이러한 전환기의 아기들은 불법 물품을 자국에 들여오는 사람을 적발하려 애쓰는 세관원과 같다.[9] 영국 버밍햄의 심리학자들은 또 다른 연구에서 신생아에게도 신변 뉴런 시스템이 이미 어느 정도 존재한다는 사실을 발견했다. 그 시스템이 정확히 언제 작동하는지와 관련해선 의견이 분분하지만, 생후 6개월쯤 되면 아기들이 관찰적 자아observantional self를 개발하기 시작한다는 사실은 강력한 증거로 확인됐다. 즉 6개월 된 아기도 관찰을 통해 자신의 개인적 공간에 누가 들어오는지 알아차리고 그 사람의 잠재적 위협을 파악한다.[10]

그런 이유로, 아기가 생후 6개월이 되면 부모는 아기에게 허용되는 상호작용의 종류와 그 상호작용이 일어나는 공간을 신중히 살펴야 한다. 아기에게 자신을 소개할 때, 좋은 의도이긴 하나 허락도 없이 손을 잡거나 불쑥 껴안는 식으로 친밀한 영역을 침범하는 어른이 많다. 어른들, 특히 낯선 어른은 그 영역을 함부로 침범하지 말고 존중하도록 주의를 기울여야 한다. 이 시기에 아이들은 함께 있어도 안전하다고 느끼는 사람만 자기 공간에 들여야 한다.

그런 점에서 아기가 양육자에게 매달리고, 걸음마를 뗀 아이가 잠시 돌아다니다 금세 부모 품으로 돌아가는 것은 전혀 놀랄 일이 아니다. 서서히 하지만 확실하게, 그리고 부모의 지도에 따라 아이들은 점점 더 과감하게 행동하기 시작한다. 그리고 자신이 아는 어른들에게서 또 낯선 사람들에게서 얼마나 거리를 둬야 하는지 배워나간다. 그와 동시에 너무 가까이 다가오면 마음이 편치 않은 사람에게 반사적 반응을 보이기 시작한다. 연구에 따르면, 영유아는 양육자 옆에서 안정감을 느낄 때 낯선 사람을 비롯해 주변 환경을 탐색할 가능성이 크다. 그러면서 미래의 사회적 상호작용에 대비할 개인적 공간의 미묘한 차이를 알아간다. 실제로 이스라엘의 연구자들은 유아기에 양육자를 더 신뢰한 아이들이 더 대담한 탐험가 성향을 보였을 뿐만 아니라 다른 사람들의 침입에 더 저항하고, 원치 않는 사람들이 자신의 개인적 공간에 들어오는 것

을 허용하지 않으며, 10년 후엔 사교성이 더 뛰어나다는 사실을 발견했다.[11]

아이에게 개인적 공간의 기본 활용법을 가르치려면 부모가 평소에 꾸준히 모범을 보여야 한다. 아이는 어릴수록 낯선 사람이든 가족 구성원이든 대체로 비슷한 거리를 유지할 가능성이 크다는 사실을 기억하자. 그런 성향은 아이가 유년기 말기에 접어들어 더 넓은 범위에 속하는 사람들과 상호작용을 하면서 바뀔 것이다.

어린아이에게 개인적 공간을 알려주기 위한 팁

① 아이와 개인적 공간 버블에 관해 이야기하라

사람은 누구나 공간 버블이 있으며, 다른 사람들의 공간 버블을 반드시 존중해야 한다고 설명해준다. 공공장소에서 사람들과 부딪치지 않도록 주의를 환기하고, 아이가 주변 사람들을 더 잘 인식할 수 있게 도와준다.

② 아이의 공간 버블이 눈에 보이도록 구체적으로 표시하라

아이가 자신의 공간 버블 범위를 이해하도록 마스킹 테이프로 바닥에 가로세로 1.2미터 크기의 공간을 표시해주는 것도 좋다. 또는 아이에게 훌라후프를 내내 들고 돌아다니게 할 수도 있다.

③ 초록불/빨간불 놀이를 하라

초록불/빨간불은 아이들이 각자의 개인적 공간을 인식하도록 돕는 멋진 게임이다. (초록불은 가까이 다가가라는 뜻이고 빨간불은 멈추라는 뜻이다.) 아이가 함께 놀 집단이 없다면 장난감 자동차를 활용해서 게임을 펼칠 수 있다. 자동차가 안전하게 이동하려면 주변에 공간이 필요하고, 서로 충돌하지 않으려면 초록불과 빨간불 규칙을 따라야 한다는 사실을 알려준다. (이는 아이가 운전을 배우게 되는 15년 후에도 괜찮은 훈련 방법이다.)

④ 아이의 개인적 공간을 존중하도록 하라

아이는 점점 성장하는 개인이다. 당연히 자신의 공간에 누구를 들이고 얼마나 가까이 있게 할지 스스로 통제할 필요가 있다. 그런데 가까운 가족을 비롯한 어른들은 개인적 공간에 누구를 들이지 결정하는 아이의 자치권을 중요하게 생각하지 않는다. 어른들이 아이가 아주 어릴 때부터 아이의 공간적 경계를 존중해준다면, 아이는 타인의 영역 경계를 존중해야 한다는 중요한 교훈을 얻게 될 것이다.

유년기 후기의 개인적 공간

아이는 학교에 다니기 시작할 무렵부터 개인적 공간의 규칙에 훨씬 더 능숙해져야 한다. 줄 서서 기다리는 동안 다른 사람들에게서 얼마나 떨어져 있어야 하는지, 또 학교 운동장에서 친구에게 다가가도 되는지 안 되는지 알아야 할 것이다. 처음엔 아이들이 이러한 경계와 씨름하는 건 지극히 정상이다. 어떤 아이는 허락도 없이 다른 아이를 껴안을 수 있고, 다른 아이는 자기도 모르게 또래와 부딪힐 수 있다. 어떤 아이는 동그랗게 둘러앉아 있는 친구들 그룹에 불쑥 끼어들 수 있고, 또 어떤 아이는 점심 식사를 같이하는 친구와 너무 멀리 떨어져 앉을 수 있다.

내 연구소를 비롯해 다른 연구소에서 발표한 연구에 따르면, 아이들은 대부분 6세가 되면 자신의 공간 버블에 누구를 들이거나 배제할지 어느 정도 분별한다. 일반적으로 이 나이가 되면, 아이들은 같은 성별의 또래를 반대 성별보다 더 편하게 받아들인다. 또한 여자아이들이 남자아이들보다 서로의 거리가 좁아도 대체로 편안해한다.[12] 그러나 이 나이대 아이들은 대부분 누가 다가오면 신변 뉴런이 활성화된다. 그런 이유로 나이가 많아질수록 또래의 공간을 자꾸 침범하면 사회적으로 거부될 가능성이 크다. 다섯 살 아이는 다른 아이와 놀기 위해 아무런 제재 없이 가까이 다가갈 수 있지만, 일곱 살 아이에게 이는 허용되지 않는 행동일 수 있다. 그리고 열 살 무렵부터는 어른들처럼 규칙을 따라야 할 것이다.

아이들은 개인적 공간의 경계를 능숙하게 조절할 수 있을 때, 친구를 사귀고 유지하기가 훨씬 더 쉬워진다. 이는 또래가 그들을 거부할 우려가 적기 때문만은 아니다. 공간은 물리적으로뿐만 아니라 사회적으로도 친밀감을 소통하는 방법이다. 관계의 네 단계 모두에서 중요한 역할을 하며, 관계를 시작하고 심화할 때 특히 중요하다. 일단 아이가 다른 아이와 관계를 시작할 준비가 되면, 상대가 자신의 표정을 보고 말소리를 들을 수 있게 적당한 거리로 다가가야 한다. 하지만 거슬릴 정도로 너무 가까이 다가가면 안 된다.

오스틴이라는 아이가 새 학교에 전학한 첫날, 쉬는 시간에 놀이터에서 놀고 있다고 상상해보자. 오스틴은 반 친구 한 명이 바닥에 있는 뭔가를 막대로 툭툭 치는 모습을 보고 그쪽으로 다가간다. 오스틴은 그 아이를 아직 모르기 때문에 약간 떨어져서 멈춘다.

"그게 뭐야?" 오스틴이 큰 소리로 묻는다.

"진짜로 크고 이상한 벌레야." 그 아이가 대답한다.

"내가 좀 봐도 될까?" 오스틴이 넌지시 부탁한다.

"물론이지. 하지만 조심해." 아이가 주의를 당부한다.

그 아이가 오스틴을 자신의 개인적 공간으로 초대했기 때문에 오스틴은 더 가까이 다가간다.

"와, 이런 벌레는 처음 봐." 오스틴이 말한다.

두 소년이 거의 어깨를 맞대고 서서 벌레를 관찰하는 동안, 공통 관심사를 바탕으로 우정이 싹트기 시작한다. 아이들은 곧 서로 이름을 소개한다. 그리고 둘 다 방과 후에 농구를 즐긴다는 사실을 알게 된다.

오스틴이 딱히 주목할 만한 행동을 보인 것 같지 않지만, 사실은 새로운 관계를 원활하게 시작하기 위해 개인적 공간을 탐색하는 일을 멋지게 해냈다. 오스틴은 접근하기 전에 허락을 구했고, 그다음엔 천천히 다가가서 상대에게 자신의 접근에 익숙해질 시간을 주었다. 그리고 마지막엔 편안하게 함께 서서 서로를 더 잘 알아갈 준비를 했다. 오스틴이 상대의 공간을 고려하지 않고 바로 다가갔더라면 상황이 어떻게 달라졌을지 상상해보라.

오스틴과 그의 새 친구처럼, 사람들은 공간을 줄여나가면서 관계가 깊어질 조건을 만든다. 표정, 자세, 몸짓 등 거의 모든 비언어적 소통이 친밀한 영역과 사적 영역에서 이루어지기 때문에, 이 공간을 편안히 공유하게 된 두 아이는 다른 아이들이 접근하지 못하는 비언어적 정보를 접할 수 있다. 이게 바로 해리 스택 설리번이 말한 '단짝' 관계를 형성하는 방법이다. 이 특별한 우정에서 아이들은 비밀을 공유하고 상대 의견을 신뢰하며 인간관계 기술을 연마해나간다.

청소년기엔 개인적 공간에서 저지른 실수로 훨씬 더 부정적인 대가를 치를 수 있는 만큼, 유년기 후반에 이런 기본 규칙을 잘 익혀야 한다. 그래야 청소년기에 (성적 관계를 포함해) 여러 관계를 헤쳐 나갈 준비가 되는 셈이다. 아이에게 개인적 공간을 탐색할 방법을 가르치기에 너무 이른 시기는 없다.

유년기 후기에 개인적 공간을 탐색하도록 돕는 팁

① 다양한 사회적 상황에서 아이를 관찰하라

학령기 자녀가 개인적 공간에 문제가 있더라도 부모는 알아차리지 못할 때가 많다. 일반적으로 가족 구성원끼리는 공간 버블이 훨씬 작기 때문이다. 따라서 다양한 상황과 장소에서 아이를 관찰하는 것이 중요하다. 아이가 상호작용하는 상대나 장소에 따라 거리를 다르게 설정하는지 살핀다. 아이가 친구들과는 가까워지고 낯선 사람들과는 멀리 떨어지는 식으로 거리를 적절히 조정하는가?

② 계속해서 아이에게 피드백을 줘라

아이가 다른 사람들의 공간에 주의하면 칭찬하고, 경계를 넘어서면 부드럽게 지적한다. "새로운 친구에게 무턱대고 다가가지 않고 적당한 거리를 두고서 너랑 놀고 싶은지 물어보다니, 참 기특하구나" 또는 "친구들과 놀면서 함부로 부딪치면 좋지 않아. 친구들에게 공간을 주는 게 더 좋아"라고 말이다.

③ 자신의 세계를 탐험할 자유를 아이에게 점점 더 많이 줘라

안전한 공간에서는 아이가 얼마나 멀리 가도 되는지 (또 안 되는지) 알려준다. 그리고 당신이 같은 장소에서 기다리고 있을 테니, 다 놀면 돌아오라고 당부한다. 아이가 너무 멀어지면 당신은 아이를 야단쳐야 한다고 느낄 수 있다. 하지만 너무 심하게 나무라거나 반대로 아이가 길을 잃을 정도로 벗어나는데도 전혀 나무라지 않으면, 아이는 개인적 공간에 대한 규칙을 배울 소중한 기회를 놓치게 될 것이다.

④ 아이가 '개인적 공간 버블을 탐색하는 탐정'이 되게 하라

공공장소에서 아이에게 서로 다른 거리에 서 있는 사람들을 관찰하고 무슨 일이 벌어지는지 말해보라고 할 수 있다. 저 사람들은 서로 아는 사이일까? 서로 좋아하는 사이일까?

그들이 친구라고 생각하니? 혹시 가족일까? 또한 길게 줄 서 있는 사람들을 지켜보면서 그들이 서로 얼마나 멀리 떨어져 있는지 본다. 이는 개인적 공간 규칙이 어떻게 작동하는지 관찰할 또 하나의 좋은 기회다.

⑤ 아이더러 당신에게 다가오라고 한 후, 표정과 몸짓으로 멈춰야 할 때를 알려줘라

이는 아이에게 개인적 공간 규칙을 지키는 법을 가르치면서 다른 비언어기술도 강화하는 좋은 방법이다. 역할을 바꿔서 아이더러 당신이 멈췄으면 하는 순간에 신호를 보내게 할 수도 있다. 달갑지 않은 사람이 개인적 공간을 침범하려 할 때, 아이들은 표정과 어조, 자세, 몸짓 등 비언어 신호를 유용하게 활용할 수 있어야 한다.

⑥ '동의'에 대해 논의하라

누가 너무 가까이 다가와서 불편했던 적이 있는지 아이에게 물어본다. 상대의 접근에 마음이 불편하면 더 이상 다가오지 말라고 말할 권리가 있다고 아이에게 주지시키자. 아이들은 개인적 공간에서 상호작용을 협상하기 위해 비언어와 구두언어 둘 다 습득해야 한다. 아이가 자신의 경계를 주장하거나 다른 사람들에게 그들의 경계를 물어보는 데 주저한다면, "넌 내 공간에 들어왔어. 조금만 뒤로 물러나줄래?"라거나 "가까이 가서 네가 뭐 하는지 봐도 괜찮니?"라는 말을 평소에 연습시킨다.

⑦ 아이에게 친밀한 영역, 사적 영역, 사회적 공간, 공적 영역의 차이를 가르쳐라

다른 영역에선 하지 않을 사사로운 이야기를 친밀한 영역에선 할 수 있다고 설명해준다. 그리고 아이가 은밀한 이야기를 꽤 떨어진 사람에게 큰 소리로 말하면 주의를 준다. 예전에 어떤 아이와 친해지고 싶었던 열 살 난 소년이 교실 반대편에서 큰 소리로 "설사는 좀 가라앉았니?"라고 말하며 그 친구에 대한 걱정을 드러냈다. 이런 이야기를 큰 소리로 하면 아무리 좋은 의도로 물어봤더라도 그 아이에게 창피를 줘서 오히려 더 멀어질 수밖에 없다.

⑧ 엘리베이터 안에서 공간 조정하는 법을 가르쳐라

누가 엘리베이터에 타면 그 사람에게 공간을 내주기 위해 가능하면 옆으로 비켜서야 한다고 설명해준다. 이는 아이가 비좁은 환경에서 공간 버블을 조정하도록 연습할 좋은 기회이다.

⑨ **11월 30일, 개인적 공간의 날**Personal Space Day**을 준수하라**

그렇다! 개인적 공간의 날이 실제로 존재한다. 이날은 당신과 아이가 잠시 멈춰서, 타인의 개인적 공간을 존중하는 태도가 얼마나 중요한지 생각해볼 기회가 될 것이다.

전문가의 도움이 필요한 때

아이가 자라면 개인적 공간이라는 비언어 경로가 점점 더 중요해진다. 특히 학교에 들어갈 무렵은 비언어기술 격차가 더 커지기 전에 이를 바로잡아야 하는 중요한 시기다. 아이가 공간 인식에 지속적으로 어려움을 겪는다면, 아이의 담임교사가 부모에게 그 점을 알려줄 것이다. 교사들이 거듭 지적한 후에도 아이가 같은 실수를 자꾸 저지른다면, 개인적 공간 선호도와 행동에 특화된 학습장애 전문가나 임상심리학자에게 정식으로 평가를 받아볼 수 있다.

…

개인적 공간에 대한 실수는 관계 발전에 문제가 된다. 하지만 아이가 (또는 어른이) 신체 접촉에서 실수할 때 발생할 수 있는 사회적 어려움에 비하면 그 영향력은 미미하다. 다음 장에서 살펴보겠지만, 접촉은 다른 어떤 비언어 경로보다 더 감정적인 정보를 전달할 수 있다. 이 말은 이 경로를 정말 제대로 활용할 줄 알아야 한다는 뜻이다.

PHYSICAL TOUCH

신체 접촉

조심 또 조심

      내가 지금 이 글을 쓰는 책상에는 아내와 손녀의 사진 액자가 놓여 있다. 사진 속에서 아내는 나를 지그시 바라보며 미소 짓고 있다. 이 모습은 아내가 이 방에 나와 함께 있는 듯한 착각을 일으킨다. 사진에서 당시 두 달밖에 안 된 손녀 한나 루스^{Hannah Ruth}는, 머리를 내 심장 쪽에 붙이고 편히 누워 있다. 인생에서 가장 힘든 시기에 손녀와 아내는 내게 신체 접촉의 중요성을 알려주었다. 이 두 사진을 보면 그때의 감동적 교훈이 떠오른다.

  2002년 어느 늦여름 저녁, 나는 아내와 함께 영국 여행을 마치고 돌아올 준비를 하던 중에 심장마비를 일으켰다. 영국

병원에서 안정을 취한 후, 애틀랜타에 있는 집으로 돌아와 혈관 우회술을 받아야 한다는 사실을 알게 되었다. 외과의가 수술 중에 무슨 일이 일어날지 설명해주었다. 우연히도 그는 내가 전에 가르쳤던 학생이었다. 게다가 아주 똑똑한 학생이었다. 그는 내가 몹시 충격을 받았고 앞으로 일어날 일에 두려워한다는 사실을 간파했다. 그래서 그 두려움을 덜어주기 위해 자기가 뭘 도와주면 좋겠느냐고 물었다. 나는 내심 고민하던 아이디어를 털어놨다. 수술실에 들어갈 때 조그마한 아내 사진을 챙겨가도 되겠느냐고 물었다. 그는 웃으면서 왜 안 되겠냐고 반문했다. 그리하여 수술실에서 나는 사랑하는 사람의 사진을 움켜쥐고 마음을 가라앉힐 수 있었다.

알고 보니 나만 그런 게 아니었다. 그 뒤로 이뤄진 연구에서, 아끼는 사람의 존재와 접촉이 통증을 줄여줄 수 있다는 사실이 드러났다.[1] 한 심리학자들이 통증을 겪는 환자를 대상으로 이들이 혼자 있는 경우, 잘 모르는 사람의 손을 잡고 있는 경우, 아끼는 사람의 손을 잡고 있는 경우로 나눠서 실험을 진행했다. 그 결과, 아끼는 사람의 손을 잡고 있을 때 뇌파 활동이 상대와 유사한 리듬이나 패턴을 보일 뿐만 아니라 통증도 덜 느끼는 것으로 나타났다.[2] 포옹이 상부 호흡기 질환upper respiratory illness의 발생을 줄이고, 감염자의 증상을 완화한다는 사실을 보여주는 연구도 있다.[3] 이렇듯 접촉의 이점은 이론의 여지가 없다. 특히 안심이나 안전을 갈망하는 어린아이에게는 더욱 그렇다.

내가 수술에서 회복하는 시기에 한나가 태어났다. 나는 할아버지라는 독특하고 멋진 세상에 발을 들여놓게 되었다. 사실 회복 과정은 쉽지 않았다. 가슴이 계속 아파서 잠을 이룰 수 없었다. 내가 편히 쉴 수 있었던 유일한 순간은 사랑스러운 손녀가 내 가슴에 누워 있을 때였다. 손녀의 접촉은 실제로도, 비유적으로도 내 심장을 치유하는 연고 같았다. 한나는 잠을 잘 자는 아기가 아니었지만, 내 품에 안기면 순식간에 잠에 빠져들었다. 나도 그랬다. 책상에 놓인 이 사진 두 장을 볼 때마다 나는 마음을 달래고 보살피고 치유하는 신체 접촉의 독특한 힘을 떠올리게 된다.

접촉은 비언어적 의사소통 가운데 정서적으로 가장 강력한 경로에 속하며, 태어나서 죽는 그날까지 인간 경험의 중심에 있다. 갓난아기를 품에 안을 수 없고, 아이가 넘어지거나 낙담할 때 번쩍 안아서 다독여줄 수 없는 세상을 상상하기란 어렵다. 성인이 되어서도 접촉은 행복감의 중심에 있다. 누군가 내 어깨를 감싸주면 혼자가 아니라는 생각에 얼마나 든든한지 모른다. 다른 비언어적 행동은 (왜곡된 형태이긴 하나) 가상으로도 일어날 수 있지만, 접촉은 반드시 실제 물리적 세계에서 일어난다. 그마저도 일방적으로는 일어날 수 없다. 앞 장에서, 나는 외부 위협으로부터 우리를 보호하기 위해 존재하는 개인적 공간에 관해 이야기했다. 접촉은 우리가 누군가를 그 공간에 들이거나 그들이 우리를 그들의 공간에 들일 때만 일어날 수 있다. 또한 상대가 해악보다는 배려심을 표현하고 싶어 한다고 믿어야 가능하다.

   접촉과 관련된 의사소통은 신체적으로도 정서적으로도 강력할 수 있다. 아울러 대단히 복잡할 수도 있다. 신체 접촉으로 전달할 수 있는 메시지의 양은 실로 엄청나다. 우리는 서로 다른 의미로 쿡쿡 찌르고 토닥이고 쓰다듬고 애무하고 찰싹 때리고 안아주고 비틀고 간지럽히고 할퀴고 움켜잡을 수 있다. 접촉은 양육이 될 수도 있고 위협이 될 수도 있다. 또한 접촉의 타이밍과 강도, 지속 시간, 맥락에 따라 의미가 달라질 수 있다. 사회적, 낭만적, 성적 의미로 해석될 수도 있다. 이 장에서는 사회적 접촉, 즉 성적인 의미 없이 좋은 의도로 정서적 메시지를 전달하는 행동에 초점을 맞춘다. 가령 악수나 하이파이브, 어깨나 팔에 손을 얹는 행동, 가벼운 포옹, 뺨을 토닥이는 행동, 손을 꼭 쥐거나 잡는 행동, 어깨를 감싸거나 팔짱을 끼는 행동 등 우리를 다른 사람들과 연결해주는 온갖 행동이 이에 해당된다.

접촉이 중요한 이유

앞 장에서, 나는 우리의 공간이 침범될 때 활성화되는 신변 뉴런에 관해 이야기했다. 접촉에는 C-촉각 섬유$^{C\text{-touch fibers}}$라 불리는 특별히 설계된 신경세포가 관여한다. 이 C-촉각 섬유는 받아들인 접촉의 종류와 그 접촉이 일어난 상황에 따라 놀라울 정도로 많은 정서적 메시지를 전달한다. 게다가 단순히 위협을 경고하는 신변 뉴런에 비해 훨씬 더 복잡한 역할을 한다.[4] 서로 다른 C-촉각 섬유는 연결되는 신경이 달라서 더 미묘한 감정 메시지를 전달할 수 있다. 심리학자 카리사 카시오$^{Carissa\ Cascio}$와 동료들은 C-촉각 섬유의 복잡한 작업을 음악적 화음에 비유해 이렇게 설명했다. "건반의 개별 음을 치면 순수한 음이 울리지만, 건반을 조합하면 단순히 각 부분의 합보다 더 많은 화음이 만들어진다."[5] 심지어 미소를 조정하는 광대 신경$^{zygomatic\ nerve}$ 같은 다른 신경계와 특정 C-촉각 섬유는 연결돼 있다. 힘든 하루를 보낸 후 사랑하는 사람에게서 다정한 입맞춤을 받을 때, 또는 일을 잘 끝마친 후 동료에게 열정적인 하이파이브를 받을 때 우리가 미소 짓는 이유가 이로써 설명된다.

접촉은 적절히 사용하면 슬플 땐 위안을, 행복할 땐 놀랍도록 긍정적인 확신을 준다. 지금은 고전이 된 한 연구에서,

심리학자 에이프릴 크루스코$^{April\ Crusco}$와 동료들은 한 그룹의 종업원에게는 잔돈을 내줄 때 고객의 손을 가볍게 만지라고 지시했고, 다른 그룹의 종업원에겐 고객을 전혀 만지지 말라고 하여 접촉의 효과를 조사했다. 신체 접촉을 경험한 고객은 성별이나 식당 분위기, 식사 경험에 상관없이 그렇지 않은 고객보다 팁을 더 많이 제공한 것으로 드러났다.[6] 이와 유사한 연구에서, 책을 반납할 때 도서관 사서의 손을 가볍게 접촉한 이용자는 그렇지 않은 사람보다 도서관을 더 좋아한다고 말했다. 매장 카운터를 지나가는 사람들은 직원이 팔을 가볍게 만졌을 때 신제품을 시험해볼 가능성이 더 컸고, 교사들이 같은 방식으로 만져준 학생들은 수업 중에 자원해서 나설 가능성이 더 컸다.[7]

이러한 연구는 접촉이라는 비언어 경로가 아동 발달의 모든 단계에서 굉장히 중요하다는 사실을 보여준다. 그 중요성을 연구한 최초의 심리학자 중 한 명이 해리 할로$^{Harry\ Harlow}$였다. 1950년대에 그는 새끼 포유류가 어미에게 매달리는 이유를 알아내고 싶어 했다. 당시엔 새끼들이 주로 먹이와 생존 때문에 어미에게 매달린다고 가정했다. 할로는 새끼 원숭이들에게 나무와 철사로 만든 어미 형상과 털북숭이 인형을 제시했다. 새끼 원숭이들은 나무와 철사로 된 형상을 선택하면 먹이나 우유가 제공되는데도 굳이 털이 복슬복슬한 인형 대리모를 선호했다. 음식과 우유 같은 자양분보다 부드럽고 따뜻한 접촉을 더 갈망하는 것 같았다. 몇십 년 후, 우리는 할로의 연구 결과를 뒷받침하는 인간 데이터를 얻었고, 영유아의 건강한 발달에서 모성 접촉과 양육의 중요성을 재차 확인할 수 있었다.[8]

좀 더 최근에, 팬데믹은 접촉이라는 비언어 경로가 우리의 행복감에 얼마나 중요한지 분명히 알게 했다. 우리는 죽어가는 부모의 손을 잡지 못하고 두려워하거나 슬퍼하는 사람들을 안아주지 못한다면 감정적으로 얼마나 힘들지 짐작할 수 있었다. 봉쇄 조치가 완화된 뒤 친구와 포옹하거나 동료와 따뜻하게 악수하는 행동을 자제하는 게 좋다는 의견에 선뜻 수긍하는 사람은 많지 않았다. 세상 모든 조부모와 마찬가지로, 나도 손주들을 힘껏 안아줄 수 없어 참으로 괴로웠다.

접촉은 우리가 삶의 모든 단계에서 사람들에게 관심과 애정을 표현하는 방식이다. 우리는 다정하게 포옹하거나 팔짱 끼고 걷거나 생일과 결혼과 졸업 같은 중요한 순간에 하이파이브와 포옹으로 우정을 심화할 수 있다. 물론 접촉은 관계를 시작하는 단계에서도 중요하다. 첫 만남에서 정중한 악수로 상대를 맞이하면 전체 상호작용에 긍정적 분위기를 조성할 수 있다. 그리고 악수를 조금 더 길게 유지하면서 팔을 살짝 만지는 것으로 (대화나 포옹만큼) 관계가 깊어졌음을 나타낼 수 있다.

접촉은 공격적이거나 대단히 부적절한 방식으로도 사용될 수 있다. 대부분 어릴 때부터 주먹질, 꼬집기, 밀기, 할퀴기, 물기, 때리기 등 폭력 행위는 절대 해선 안 되며, 사회적 상황에서 또는 어떠한 경우에도 신체의 특정 부위를 접촉하면 안 된다고 배운다. 또한 적절한 접촉으로 여겨지는 규칙과 규범도 다양한 요소에 따라 달라진다. 즉, 서로 얼마나 잘 아는지에 따라 또 장소나 상황, 기대치(가령 상대는 악수를 기대하는데 우리는 포옹을 하거나 그 반대의 경우 등)에 따라 달라진다.

이러한 측면에서 접촉은 가장 중요한 비언어 경로이다. 실수를 저지르면 사회적 어려움을 넘어서 심각한 결과를 초래할 수 있다. 특히 청소년기에 접어들면 부적절한 접촉으로 법적 처벌까지 받을 수 있다. 우리는 비언어 경로 가운데 유일하게 접촉에 대해 아이들에게 '은밀한 부위를 만지지 말라' 같은 엄격한 규칙을 명시적으로 가르친다. 이러한 규칙은 '뒤에서 다가갈 때 상대의 어깨를 가볍게 두드려라' 같은 미묘하고 모호한 규칙보다 훨씬 쉽게 가르칠 수 있다. (뒤에서 어깨를 두드리는 올바른 방법은 이렇다. 어깨와 목 중간에 있는 가로세로 2.5센티미터 크기의 부위를 한 손가락으로 살짝 만지면 된다.)

안 그래도 복잡한데, 접촉을 둘러싼 에티켓은 나라마다 다르다. 예를 들어 스페인과 이탈리아 같은 나라에선 사람들이 다른 문화권보다 사회적 접촉을 훨씬 더 선호하며, 방금 만난 사람이 뺨에 입을 맞추고 포옹하는 것도 흔쾌히 받아들인다. 세계에서 가장 '접촉 친화적'이지 않은 나라들 가운데 두 곳인 미국과 영국은 교육적, 직업적 상황에서 대체로 가벼운 악수 외에 어떤 형태의 접촉도 금기로 여긴다. 미국 사람들은 아주 힘찬 악수를 선호하지만, 일부 문화권에선 더 부드러운 악수가 적절하다고 여겨진다. 그런데 최근 핀란드, 프랑스, 이탈리아, 러시아, 영국에서 1300명 넘는 참가자를 대상으로 조사를 했는데, 나라와 문화가 접촉과 관련된 규범과 행동을 이끄는 주요 동인이 아닌 것으로 드러났다. 이렇게 차이가 상당한데도 말이다. 나라와 문화보다는 두 당사자 간의 친밀감이 중요했다. 모든 비언어가 그렇듯, 사회적 접촉의 의미는 상대방과 맺은 관계에 따라 달라진다. 군중 속에서 우연히 낯선 사람의 손을 스친다면, 아내의 손을 다정하게 쓰다듬을 때와는 매우 다르게 해석될 것이다. 같은 이유로, 집에서 형제자매를 오랫동안 껴안는 데 익숙한 아이는 유치원 친구들이 그런 포옹을 좋아하지 않는다는 사실에 당황할 수 있다.[9]

기본적인 접촉 규칙을 따르지 않는 아이가 또래에게서 거부된다는 점은 의심의 여지가 없다. 나한테 초등학교 3학년 시절은 까마득히 옛날이지만 당시 반 친구였던 제니를 여전히 기억한다. 제니와 그룹 프로젝트에 배정되거나 어쩔 수 없이 함께 놀게 되면 항상 짜증이 났었다. 이유는 단순하다. 제니가 손을 한시도 가만두지 않았기 때문이다. 제니는 거의 강박적으로 무언가를 만지고 싶어 하는 것 같았다. 자기 팔을 문지르거나 원피스 자락을 만지지 않을 때면, 다른 아이들을 만졌다. 제니는 아이들이 그 손길을 좋아하지 않는데도 자꾸 손을 뻗쳤다. 그 때문에 다툼이 자주 일어났다. 한번은 제니가 한 여학생 뒤로 살며시 다가가 길고 부드러운 머리카락을 잡아당기는 바람에 그 여학생이 다치기도 했다. 나는 제니가 나중에 정말 미안해하는 표정을 지으며 손을 잘 간수하겠다고 약속하던 모습을 기억한다.

제니의 행동이 확실히 반 친구들을 짜증나게 했지만, 교실에서 접촉이 긍정적으로 활용된 적도 많았다. 제니가 부적절하게 행동할 때면, 선생님은 제니를 진정시키려고 옆으로 다가와서 제니의 어깨에 잠시 손을 올려놓았다. 선생님은 다른 방식으로도 접촉이라는 비언어 경로를 활용했다. 쉬는 시간엔 아이들 손을 잡아주었고, 두 아이가 싸우면 그들 사이로 끼어들어 둘을 떼어놓았다. 기쁨의 표현이든 우는 아이를 달래는 수단이든, 포옹은 교실에서 매우 빈번하게 활용되었다. 가벼운 접촉을 통해 반 친구들과 나는 공동체의 일원으로 마음 편히 지낼 수 있었다. 나중에 알게 되었지만, 그러한 방식은 접촉을 적절히 사용하는 방법에 대한 본보기였다. 선생님의 접근법은 이후 스웨덴 심리학자 디사 베르그네르$^{Disa\ Bergnehr}$와 아스타 세카이테$^{Asta\ Cekaite}$에 의해 입증되었다. 그들은 유치원 수업에서 접촉 행동이 어떤 영향을 미치는지를 연구했고, 포옹과 아이 팔에 손 올려놓기 같은 교사의 적절한 접촉이 질서를 유지하고 아이들에게 애정을 표현하는 효과적 수단이라는 점을 발견했다.[10]

그런데 내가 3학년 때 이후로 미국 교실에선 엄청난 변화가 일어났다. 미국 전역의 대다수 교육 기관에서 교사는 어떤 식으로든 학생들에게 접촉할 수 없게 되었다. (코치, 청소년 단체 지도자 등 아이의 가족 구성원을 제외한 거의 모든 어른도 마찬가지였다.) 반 친구들도 엄격하게 통제된 상황을 제외하고는 서로 접촉을 삼가야 했다. 성적, 신체적 학대에 대한 지나친 우려와 부적절한 접촉으로 발생하는 법적 파장 때문이었다. 즉 교실에서 누군가를 만지지 않는 것이 잘못될 위험을 감수하는 것보다 낫다고 판단한 것이다.

이러한 두려움은 이해할 만하지만, 접촉을 전면 금지하는 조치로 의도치 않은 결과가 초래되었다. 즉 가족 구성원이 아닌 믿을 만한 어른이나 또래에게 적절한 사회적 접촉의 복잡한 규칙을 배울 기회가 사라져버렸다. 많은 심리학자와 교육자가 어린아이들이 청소년기와 그 이후의 삶을 준비하려면 이 시기에 그런 경험을 해야 한다고 강력히 권고했지만, 교실은 접촉 금지 구역이 되었다. 교사들은 내 담임선생님이 제니에게 했던 것처럼 아이들에게 차분함, 편안함, 교감을 위해 적절히 접촉하는 방법을 보여주는 대신, '접촉을 적발하는 경찰' 역할을 맡았다. 한번은 학교에서 사회적 상호작용에 어려움을 겪는 열 살 난 남자아이에게 접촉에 대해 아는 바를 물었다. 그 아이는 처음엔 바닥을 보고 다음엔 천장을 보다가 마침내 나를 향해서 조용하지만 단호하게 말했다. "만지지 마세요!"

2020년까지 학교에서 접촉은 이미 대부분 금지되었는데, 팬데믹이 상황을 더 악화시켰다. 처음엔 바이러스 전파 가능성이 있는 수단으로 여겨졌던 접촉 행동은 2미터 사회적 거리두기 규칙이 자리 잡으면서 아예 사라져버렸다. 팬데믹 종식 이후, 우리는 대부분 평소에 하던 악수와 포옹으로 돌아갔다. 하지만 아이들은 접촉을 통해 애정을 드러내거나 친해지고 싶은 마음을 전달하는 방법을 배우지 못한 채 2년이라는 세월을 흘려보냈다. 스톡홀름 카롤린스카연구소의 신경과학자 로라 크루시아넬리Laura Crucianelli는 팬데믹 이후 이러한 기술을 재건하는 일이 우선시되어야 한다고 주장했다. 우리가 스스로 접촉을 박탈하면 가장 정교하고 중요한 소통 방법과 새

로운 관계를 형성할 기회를 잃어버리게 된다고 강조했다.[11]

여러 증거에 따르면, 아이는 두려울 때 손을 잡아주고 슬플 때 안아주고 애정이나 지지를 표현하고자 어깨에 팔을 둘러주는 사람에게서 편안함을 얻는데, 이런 접촉을 대체할 수단은 아무것도 없다. 우리는 이제 신체 접촉 부족으로 아이들이 발달뿐만 아니라 정서적으로 어떤 영향을 받게 될지 신경 써야 한다. 교사나 또래로 인한 부적절한 접촉 위험이 있다는 점을 간과해선 안 되지만, 아이들을 학대에서 안전하게 지키려면 오히려 적절한 접촉의 미묘한 차이를 가르쳐야 한다.

《터치: 손, 심장, 마음의 과학》의 저자 데이비드 J. 린든David J. Linden에 따르면, 우리가 타고난 촉각 민감성은 20세까지 증가했다가 그 후 매년 약 1퍼센트씩 감소한다. 아이들의 촉각은 유년기 초기와 후기에 극적으로 발달한다. 이 말인즉슨 사춘기에 들어서서 낭만적이고 성적인 접촉의 복잡성이 작용하기 전에 아이들이 촉각의 미묘한 차이를 이해하고 활용할 수 있도록 도와줄 기회가 짧게나마 있다는 뜻이다.[12] 이제 교사들이 교실에서 아이들에게 적절한 사회적 접촉의 모범을 보일 수 없으니, 부모가 개입해서 이 커다란 공백을 메우고 아이들이 현재 놓치고 있는 지식과 기술을 제대로 습득하도록 이끌어줘야 한다. 이 장은 당신이 그렇게 하도록 도와줄 것이다.

유아기와 유년기 초기의 접촉

아이는 태어나기 전부터 자신의 세상을 탐험하고 관계를 형성하기 위해 촉각을 사용하기 시작할 것이다. 과학자들은 C-촉각 섬유가 태아 때(임신 3기)에 이미 작동한다고 믿는다. 엄마가 복부를 만지면 태아가 자궁벽에서 더 많은 촉각 활동으로 반응하기 때문이다.[13] 아기들은 대부분 세상에 나온 후 양육자와 끊임없이 신체 접촉을 한다. 주로 엄마가 C-촉각 섬유를 자극하는 데 필요한 속도로 아기를 쓰다듬는다. 물론 부모, 조부모, 이모, 삼촌, 사촌, 이웃 등 너나없이 아기를 안아주고 싶어 한다.

아이들은 자라면서 이른바 '식별 촉각discriminatory touch'을 사용해 감촉을 알게 된다. 부모의 따뜻하고 매끄러운 피부를 부드러운 담요와 구별할 수 있다. 또 누가 등을 쓰다듬거나 안아주는 식의 접촉과 관련된 감정도 이해하기 시작한다. 이는 '정서적 촉각affective touch'이라고 알려진 유형의 촉각이다.

아이의 C-촉각 섬유는 '사회적 뇌social brain'의 발달을 담당하는 복잡한 신경 체계와 소통한다. 영국의 리버풀존무어스대학교의 신경과학 교수이자 정서적 촉각 분야의 선두주자인 프랜시스 맥글론Francis McGlone은 사회적인 것들을 하나로 묶는 데 C-촉각 섬유가 핵심 요소라고 말한다.[14] 따라서 접촉이 없으면 사회적 상호작용과 행동을 담당하는 뇌 체계가 제대로 성숙하지 못할 것이다. 그러면 정서적 민감성이 낮아지고 타인을 향한 관심이 줄어드는 결과로 이어져 평생 힘든 싸움을 벌여야 한다.

아기가 안정적으로 애착관계를 형성하고 정서적으로 충분히 발달하려면 다정한 접촉이 매우 빈번해야 한다는 데 다들 동의한다. 이를 극명하게 보여주는 사례가 있다. 1980년대 니콜라에 차우셰스쿠Nicolae Ceaușescu가 지배하던 시절, 창고 같은 고아원에서 자라는 아이들을 관찰하기 위해 미국 심리학자들이 루마니아를 방문했다. 이 고아원은 버려진 아이들이 견뎌야 했던 끔찍한 환경과 방임 때문에 아동 수용소라는 뜻의 '차일드 굴라크child gulag'라고 불렸다. 심리학자들은 아기들로 가득 찬 방들이 죄다 소름 끼칠 정도로 조용해 깜짝 놀랐다. 한편 좀 더 큰 아이들은 무표정한 얼굴로 좀비처럼 돌아다녔다. 끊임없이 몸을 흔드는 아이도 있었고, 주먹을 휘두르거나 비명을 지르거나 벽에 머리를 부딪치는 아이도 있었다. 대부분 사회적으로 고립되어 있었고 좀체 입을 열지 않았다. 이 아이들은 신체 접촉이 전혀 없다시피 했고, 그 결과로 심각한 인지 및 정서 장애를 겪었다. 그들은 표정을 읽어서 비언어적으로 감정을 처리하지 못했고, 접촉이나 다정한 목소리에 반응하지 않았으며, 다른 사람들과 어떤 종류의 접촉에도 관심이 없는 듯 보였다. 이후 몇 차례 신경영상 연구가 진행됐고, 그들의 뇌가 주의력, 전반적 인지, 감정 및 감각 처리를 지원하는 영역에서 충분히 발달하지 않았음이 확인됐다.[15]

아이들의 열악한 상황이 대중의 관심을 끌면서, 사회적, 정서적 장애를 타개할 프로그램이 시작되었다. 후속 연구가 이뤄졌고, 아이들이 양부모나 양육자의 보살핌을 오래 받을수록, 다정한 접촉과 건전한 인간관계를 통해 정서적 결함을 극복할 가능성이 더 크다는 사실이 드러났다.[16]

아기들은 8개월 정도가 되면 자신의 개인적 공간에 누구를 들여야 할지 좀 더 분별력을 갖게 된다. 할로의 연구에 등장하는 원숭이들과 마찬가지로, 대부분 담요나 털북숭이 동물 인형 같은 부드러운 물체에 애착을 느낀다. 이런 물건의 익숙한 질감과 냄새는 어린아이들이 부모나 양육자와 떨어져 있을 때 위안을 준다. 아기들이 처음엔 기어 다니다 아장아장 걸으면서 이동성이 높아지면, 부모나 양육자의 품에서 보내는 시간은 자연스럽게 줄어들지만, 접촉은 여전히 일상생활에서 중요한 부분을 차지한다. 그러다 어린이집이나 유치원에 다니면서 아이들이 받는 정서적 접촉의 양은 크게 줄어들게 되고, 시간이 지나면서 더 줄어든다.

어린아이에게 접촉의 미묘한 차이를 알려주기 위한 팁

① 아이의 접촉 스타일을 파악하라

당신은 아이가 접촉을 통해 세상과 상호작용하는 다양한 방식을 관찰할 수 있다. 어떤 아이들은 눈에 보이는 사물과 사람을 죄다 만지고 싶어 하는 접촉 추구자touch seeker가 되고, 어떤 아이들은 접촉 회피자touch avoider가 된다. 어떤 아이들은 좀체 떨어지지 않으려 하고, 어떤 아이들은 좀 더 독립적인 상태를 선호한다. 아이들의 스타일을 파악하면, 아이들이 일상생활에서 접촉을 활용하도록 배울 때 더 많이 도와줄 수 있다. 아이마다 접촉 스타일이 다른 것은 지극히 당연하다. 그렇더라도 접촉을 추구하는 아이들은 타인과의 경계를 넘지 않도록 방향을 틀어줘야 할 것이다. 반면 접촉을 회피하는 아이들은 적절한 상황에서 접촉하도록 격려해야 하겠지만 억지로 강요해서는 안 된다.

② 아이의 성별이 당신의 접촉 스타일에 어떤 영향을 미칠지 의식하라

우리는 아이들을 성별에 따라 다른 방식으로 대하도록 사회화되었다. 가령 여자아이는 건드리면 깨질 수 있는 화병처럼 부드럽게 대하는 반면, 남자아이는 일반적으로 더 활기차게 간질이고 거칠게 놀아주고 무릎에 앉혀 퉁퉁 튕겨준다. 그런데 남자아이도 등을 부드럽게 만져주면 좋아할 수 있다는 점을 명심하자. 또한 여자아이도 무릎 위에서 퉁퉁 튕겨지거나 공중에 번쩍 들리고 싶어 할 수 있다.

③ 아이에게 긍정적 접촉과 부정적 접촉의 힘을 가르쳐라

아이가 아직 걷고 말하는 법을 배우고 있을 때라도, 쿡쿡 찌르기, 꼬집기, 때리기는 허용되지 않으며 친구가 괜찮다고 하면 포옹하고 손잡는 행위는 해도 된다고 알려줄 수 있다. 만약 아이가 실수하거나 부적절한 방식으로 접촉한다면, 당신은 이를 교육의 기회로 활용할 수 있다.

④ 아이에게 자기 몸에 대한 권한을 부여하라

아이에게 자신의 개인적 공간에 누구를 들일지에 대한 권한이 있다고 가르친 것처럼, 아이가 원하지 않을 때는 누군가를 접촉하거나 누군가에게 접촉될 필요가 없다고 가르친다. 또한 가까운 친척이나 친구를 껴안고 싶지 않으면 싫다고 말해도 괜찮다고 가르친다. 당신의 친구나 친척에게도 아기와 접촉하기 전에 먼저 허락을 구하라고 권하자. 가령 "놀이터로 걸어가는 동안 내가 손을 잡아도 될까?"라거나 "널 안아봐도 괜찮겠니?"라고 물어보게 하자. 아이가 접촉으로 애정 표현을 하고 싶어 하지 않는다면, 친구나 가족에게 적당한 거리에서 손 키스를 날려보라고 제안할 수 있다. 아이가 말문이 트이면, 아이에게 어떻게 접촉되는 게 좋은지 또는 싫은지 의사를 표현하도록 가르친다. 가령 "그만하세요", "머리 만지면 싫어요", "무서워요. 손 좀 잡아주세요" 같은 말을 연습시킬 수 있다.

⑤ 아이가 어린이집과 유치원에 다니기 시작하면, 방과 후에 아이에게 신체적으로 애정을 표현하는 시간을 가져라

요즘 어린이집과 유치원 교실에선 아이들이 다정한 신체 접촉을 많이 받지 못한다. 그러니 당신이 아무리 바쁘더라도 아이와 함께 있을 때 이런 부족한 부분을 채워줄 수 있도록 최대한 노력해야 한다. 그렇다고 아이를 끊임없이 안아줘야 한다는 뜻은 아니다. 굳이 무릎에 앉히지 않더라도 옆구리를 붙이고 앉아 책을 읽어주면 자연스레 아이를 감싸 안게 된다. 목욕 시간에는 간지럼을 태우며 놀아주고, 잠자리에 들 때는 포근하게 안아줄 수 있다. 이러한 사례는 가정에서 아이가 신체적으로 적절하게 애정을 표현하는 다양한 방식을 배우는 데 도움이 된다.

⑥ 아이의 자기 다독임을 꾸짖지 마라

아주 어린 아이들이 낮에 신체 접촉이 부족할 때 보이는 반응 중 하나가 '자기 다독임self-soothing'이다. 가령 엄지손가락을 빨고, 머리카락을 비틀거나 씹고, 심지어 생식기를 만진다. 이럴 땐 아이가 왜 이런 행동을 하는지 반드시 알아야 하는데, 대부분 그저 접촉을 통해 안도감을 느끼고 싶어서 하는 행동이다. 부모는 아이의 이런 행동에 깜짝 놀라거나 아이에게 창피를 주거나 꾸짖지 말아야 한다. 이런 정상적인 행동에 대처하는 가장 좋은 방법은 아이의 주의를 다른 곳으로 돌리는 것이다. 장난감을 주거나 촉감 놀이를 하는 등 아이가 다른 데 정신을 팔게 한다.

⑦ 아주 어릴 때부터 '좋은 손길, 나쁜 손길'이라는 말을 들려줘라

전문가들은 이런 논의가 유치원부터 초등학교로 넘어가는 동안, 그리고 아동기 내내 계속되어야 한다고 주장한다. 해부학적으로 정확한 명칭을 사용하여 신체 부위를 알려주는 간단한 교육으로 시작하면 된다. 그런 다음에는 어떤 신체 부위가 은밀한 영역인지 아이에게 알려준다. 아이에게 수영복을 상상하라고 하고, 수영복으로 가려지는 부위는 은밀한 영역이므로 남들에게 만져지면 안 된다고 설명해준다.

아이에게 거울에 비친 자신의 모습을 보면서 여러 신체

부위를 가리키게 하거나, 인형을 활용해서 접촉 금지 부위를 설명하게 해보자. 아이가 좀 더 크면 이 주제를 다시 다루고 나이에 맞는 방식으로 이를 강화한다.

유년기 후기의 접촉

유아기 동안에는 주변 어른들에게 접촉을 많이 받지만, 유년기 후반에 접어들면서 신체 접촉은 점차 줄어든다. 이때는 인생에서 가장 중요한 사회적 발달 시기 중 하나로, 유치원과 초등학교에 입학하는 벅찬 과제를 마주해야 한다. 이 전환기를 무사히 넘기려면 아이의 비언어기술이 다 필요한데, 교실에선 비언어기술 가운데 유일하게 접촉이 금지되므로 부모가 이 점을 잘 알려줘야 한다.

교실에서 이뤄지는 접촉

2011년, 교사인 파멜라 오웬Pamela Owen과 조너선 길런틴Jonathan Gillentine은 유치원에서 초등학교 3학년까지의 교사들을 상대로 교실에서 긍정적 접촉에 대해 어떻게 생각하는지, 그리고 이 특별한 비언어 경로를 학생들에게 얼마나 사용하는지 설문조사를 했다.

조사 결과는 명확했다. 교사의 90퍼센트 이상은 긍정적 접촉이 정서 발달을 촉진하고, 배려하는 마음을 드러내며, 기분을 좋게 하고, 스트레스를 줄인다고 믿었다. 하지만 이런 교사들 가운데 실제로 학생들과 접촉한다는 사람은 절반이 채 되지 않았다.[17]

나는 여러 유치원 및 초등학교 교사들과 더불어 교실에서 아이들이 안전하고 체계적인 방식으로 접촉하는 법을 배울 수 있게 해야 한다고 주장한다. 내 주장에 동의하는 학부모라면, 아이의 교사와 학교 관리자들에게 이 중요한 문제를 제기하고 싶을 것이다. 첫 단계로, 접촉의 효과에 관해 앞서 언급했던 스웨덴 연구처럼 교실에서 접촉을 둘러싼 최신 연구 결과를 제시할 수 있다. 교실에서의 긍정적 접촉 교육에 대한 논의를 시작하기 위해 그들에게 이 책을 주고 이 장을 읽어보라고 부탁할 수도 있다. 심리학자나 상담교사 등 자격을 갖춘 전문가를 초빙해서 이 주제를 논의해보라고 권할 수도 있다.

유치원과 초등학교의 '접촉' 문화를 바꾸는 데 관심 있는 학교 관리자와 교사에게 내가 제안하는 사항은 다음의 세 가지다.

① 부모와 양육자를 포함시켜라

학교 관리자와 교사가 교실의 새 기준을 세우는 과정에 부모와 양육자를 포함시켜야 한다. 명쾌한 규칙이 정해지면 모두에게 알리고, 학년이 바뀔 때마다 아이들과 가족들에게 다시 주지시켜야 한다.

② 접촉이 어떻게, 언제 일어나는지에 대한 기준을 설정하라

교사와 보육시설 종사자는 가능하면 동료가 있는 곳에서만 아이를 접촉하도록 해야 한다. 아울러 신체 접촉을 하기 전에 아이에게 물어봐야 한다.

③ 접촉을 교육 과정으로 편입하라

이 중요한 비언어 경로를 아이들에게 가르치는 일은 교육 과정의 일부가 되어야 한다. 교사는 수업 시간에 적절한 접촉과 부적절한 접촉의 차이, 때리고 꼬집고 무는 행위의 부정적 효과, 친절하고 정중한 사회적 접촉의 긍정적 효과 등을 설명해야 한다.

유년기 후기에 긍정적 접촉을 권장하기 위한 팁

① 아이의 접촉 스타일을 계속 관찰하라

시간을 내서 아이가 또래 친구들과 상호작용하는 모습을 관찰하자. 아이가 친구를 사귀고자 접촉을 원활하게 활용하는가, 아니면 무심코 다른 아이들을 회피하려 드는가? 상대가 말과 표정으로 싫다는 신호를 보내는데도 자꾸 들러붙지는 않는가? 아이가 또래와 걸으면서 허락을 구하지 않고 손을 덥석 잡고, 놓아달라는 상대의 요청도 무시하는가? 반대로, 아이가 다른 사람들의 적절한 접촉 시도를 자꾸 회피하려 드는지도 관찰하자. 아이가 친구들과 포옹을 나눌 때, 움츠러들고 괴로워 보이는가? 또는 뻣뻣하게 경직되는가? 이렇게 관찰하는 과정에서 당신은 아이를 격려하고 방향을 바꿔줄 더 좋은 위치에 서게 될 것이다.

② 접촉 요소가 있는 스포츠 활동에 아이를 참여시켜라

무술, 농구, 춤, 미식축구도 좋고, 축구처럼 '접촉 금지' 스포츠도 좋은 선택지다. 접촉이 금지되는 경우라도 경기 전 악수를 나누거나 주먹을 맞대는 식의 접촉 의식이 있다. 아이들은 통제된 환경에서 체계적이고 적절한 방식으로 접촉을 활용할 기회를 갖게 될 것이다.

③ 아이가 불안해할 때 부드러운 손길로 달래거나 격려해줘라

아이가 새 교실이나 낯선 사회적 상황 앞에서 초조해한다면, 아이가 걸어 들어갈 때 어깨를 톡톡 두드려주면 좋다. 아이가 어려운 숙제 때문에 힘들어한다면 옆에 바싹 붙어 앉아서 함께 해결책을 모색할 수 있다. 아이가 의사를 무서워한다면 진료 시간에 손을 잡아줘도 되는지 물어보자. 이러한 신체 접촉은 아이의 C-촉각 섬유를 통해 안전하다는 신호를 보내서 아이를 안심시킬 것이다. 아주 짧은 접촉만으로도 영향을 미칠 수 있다.

④ 학령기 아이에게 악수하는 법을 가르쳐라

악수는 적절한 형태의 사회적 접촉이다. 어른이 돼서도 유용하다. 상대 눈을 바라보며 손을 올바른 각도로 뻗어서 단단히 잡되, 너무 세게 잡고 흔들지 말라고 알려줘라. 모든 문화권에서 악수를 사용하진 않는다는 점도 설명해주어야 한다. 어떻게 인사할지 확신이 서지 않을 때는 상대방이 인사하기를 기다렸다가 똑같이 따라 하라고 말해준다.

⑤ '좋은 손길과 나쁜 손길'에 대한 대화를 다시 나눠라

기본 사항을 상기해주고 궁금한 점에 답하면서 이 주제를 다시 논의하자. 자신의 신체에 대한 권한을 계속 상기해주고, 아이가 신체 접촉을 원하지 않을 땐 설사 가족 구성원도 거부해도 된다고 말해준다.

⑥ 아이와 함께 냉장고나 게시판에 붙여둘
　　간단한 신체 접촉 규칙을 만들어라

접촉을 둘러싼 규칙을 부모가 분명하게 알려줘야 한다. 그렇지 않으면 아이가 학교에서 경계를 넘나들며 힘들게 배워야 하니 말이다. 규칙은 구체적이고 이해하기 쉬운 말로 정하는 게 좋다. 수영복으로 가려지는 부위는 접촉이 금지되며, 관리자가 있는 스포츠나 게임의 일부가 아니라면 다른 사람과의 접촉은 짧고 부드러워야 한다는 점을 상기해줘라. 뒤에서 접근할 때 누군가를 접촉하는 법, 즉 한 손가락으로 목과 어깨 중간의 작은 영역을 가볍게 건드리는 행동을 직접 해보이거나 그림으로 그려서 설명해준다. 만약 아이가 실수를 저지르고 부적절한 방식으로 접촉을 활용한다면, 접촉에 관한 규칙을 검토하고 수정하면서 그 중요성을 다시 가르쳐줄 기회로 삼는다. 아이더러 상대방에게 직접 사과하거나 쪽지를 쓰라고 제안할 수도 있다.

전문가의 도움이 필요한 때

아이가 갑자기 접촉에 과민해졌다고 느낀다면, 먼저 질병이나 알레르기 때문이 아닌지 확인하기 위해 소아과 의사와 상담한다. 과민증이 있는 아이들은 옷이나 특정 음식, 이 닦기, 포옹이 불쾌하거나 심지어 고통스러울 수 있다. 과민증이 신체적 원인에서 비롯된 것 같지 않다면, 작업치료사를 만나보는 게 좋다. 그들은 아이를 제대로 평가한 후, 다양한 유형의 접촉에 익숙해지게 하는 치료 활동을 제안할 것이다. 접촉에 민감한 아이를 만질 땐 미리 알리고, 살짝 건드리는 게 오히려 단단히 잡았을 때보다 과민해지는 경우가 많으므로 다소 단단히 잡는다. 또한 간지럼은 절대로 태우지 않아야 한다. 만약 아이가 '접촉 추구자'라는 이유로 학교에서 어려움을 겪고 있다면, 검사를 통해 교사와 함께 수업시간에 아이의 주의를 돌릴 적절한 방법을 찾아야 할 것이다.

…

접촉은 신체가 맞닿아야 하는 유일한 비언어적 경로이기 때문에 비교적 쉽게 시연하고 관찰할 수 있다. 반면 다음에 살펴볼 발성은 우리가 사용하는 단어 속에 숨어 있어서 정확하게 파악하기가 더 어렵다. 하지만 다른 사람과 의미 있는 방식으로 연결되기 위해선 이를 능숙하게 활용할 줄 알아야 한다.

VOCALICS

발성
내 말의 속뜻을 알아들을 수 있니?

    30대 중반에 값비싼 정장을 멋지게 차려입은 벤이 웃으면서 내게 손을 내밀었다. 그를 만나게 된 건 그의 회사에서 벤을 평가해 달라고 의뢰했기 때문이었다. 회사에서 그런 의뢰를 했다는 사실이 믿기지 않을 정도로 그는 존재감이 무척 뚜렷해 대화 내내 내가 깊은 인상을 받았던 기억이 난다. 벤은 회사에서 눈부신 성공을 거두다 갑자기 벽에 부딪혔다고 했다. 벤의 상사에 따르면, 다들 그를 좋아했고 이전 직책에서 동료들에게 존경도 받았다. 그런데 최근 들어 동료들뿐만 아니라 잠재 고객들과의 소통에서 심각한 어려움을 겪었다. 임원들과 면담한 후에도 전혀 개선되지 않았다. 그의 갑작스러운 성과 저하를 설명할 수 있는 사람은 아무도 없었다. 벤 사신도 영문을 몰랐다. 회사는 벤을 내보내기 전에 궁여지책으로 나를 찾았다.

나는 일단 IQ 테스트를 비롯해 여러 인지 및 성격 평가를 했다. IQ 테스트에선 벤이 천재 수준의 지능을 지녔다는 결과가 나왔다. 다음으로 표정, 어조, 자세에서 감정을 식별하는 능력을 포함해 비언어능력을 평가했다. 벤은 인지적 평가에서 거둔 성과와 일관되게 표정과 자세 평가에서도 뛰어난 성과를 보였다. 아울러 개인적 공간을 어떻게 사용해야 하는지, 접촉이 적절한 때가 언제인지도 다 이해하는 것으로 나타났다. 이제 한 가지 테스트만 남았다. 벤이 이 테스트에서도 좋은 성적을 거둔다면, 나는 승승장구하던 그가 왜 갑자기 추락하게 되었는지 설명할 단서를 못 찾았다고 보고해야 할 터였다.

마지막 테스트는 구두 의사소통에서 감정을 식별하는 능력을 측정하는 것이었다. 말 자체가 아니라 말하는 방식을 파악하는 것이다. 나는 사람들이 각기 다른 감정을 담아서 "지금은 방에서 나가지만 나중에 돌아올게"라고 말하는 녹음 내용을 벤에게 들려주었다. 나와 상담하는 동안 처음으로 벤이 망설이고 긴장하는 모습을 보였다. 그는 녹음을 듣고 어떤 감정인지 말했지만 곧바로 주저하더니, "음, 그게 아닐 수도 있겠네요. 어쩌면…"이라며 말끝을 흐리곤 했다. 비교적 짧은 테스트였는데도 벤은 너무 당황해서 마라톤을 막 끝낸 사람처럼 보였다.

　마지막 그 테스트에서 그는 다섯 살짜리 아이가 받을 만한 점수를 기록했다. 벤은 사람들의 목소리에서 감정을 포착하고 식별할 수 없었다. 그런데 본인을 비롯해 주변 사람들도 그 점을 전혀 알아차리지 못했다. 추가 질문을 통해 이 문제가 왜 최근 몇 달 사이에 명백해졌는지 드러났다. 벤은 직급이 이동됐고 처음으로 현장에서 사무실로 근무 환경이 바뀌었다. 현장 근무 때는 같은 공간에서 사람들의 표정, 자세, 몸짓을 읽음으로써 그들의 감정을 파악할 수 있었다. 하지만 사무실로 옮긴 뒤로는 모든 상호작용이 전화로 이루어졌다. 시각 단서가 없으니 벤은 길을 잃었고, 대화 흐름에 필요한 비언어적 단서를 놓치게 되었다. 일단 문제를 확인하고 나자, 벤의 고용주들은 그에게 필요한 학습 프로그램을 제공했고, 그를 현장으로 돌려보냈다. 얼마 지나지 않아서 벤은 다시 뛰어난 성과를 거두었다.

발성이 중요한 이유

'발성volcalics'은 단어 자체를 넘어 우리가 목소리로 전달하는 것 모두를 포괄하는 용어이며, 음고, 어조, 음량, 강조 등이 이에 포함된다. 우리 목소리에 담긴 의미의 복잡성은 놀라울 정도다. 실제로 예일대학교 심리학자 마이클 크라우스Michael Kraus는 감정을 전달하는 데 여러 비언어 경로 가운데 발성이 가장 중요하다고 결론지었다. 크라우스는 자신의 연구에 근거하여, 누군가가 느끼는 감정을 제대로 파악하고 싶다면 그 사람을 쳐다보지 말고 목소리에 귀를 기울여야 한다고 주장한다. 가령 누군가가 작고 떨리는 목소리로 "잘 지내고 있어"라고 말한다면, 우리는 그 말 자체보다 어조가 전달하는 바를 더 믿을 것이다.[1]

연구에 따르면, 목소리에서 감정을 식별하는 능력과 사회적 성공 사이엔 강력하고 일관된 연관성이 있다.[2] 심리학자 알렉시아 로스먼Alexia Rothman과 나는 비언어적 정확성 진단분석의 일부인 발성 테스트를 기획했다. 이 테스트는 다른 아이들과 어른들의 목소리에서 단서를 정확하게 읽어내는 아이의 능력을 평가하기 위해 이미 수많은 연구에서 활용되었다. 검사 결과, 점수가 높을수록 아이들의 사회 적응도와 학업 성취도가 높았다.[3] 레오노르 네베스Leonor Neves와 동료들이 《영국

왕립학회 오픈사이언스Royal Society Open Science》에 발표한 연구 결과에 따르면, 인지 능력과 나이, 성별, 부모의 교육 수준을 통제한 경우에도 마찬가지였다. 벤의 사례에서도 알 수 있듯이, 발성 문제가 성인기까지 이어지면 사회적 성공뿐만 아니라 직업적 성공도 훼손될 수 있다.

발성적 요소가 타인을 이해하는 데 기여하는 정도는 단순히 감정을 파악하는 수준을 넘어선다. 1부터 10까지 세는 누군가의 녹음된 목소리를 주의 깊게 들으면, 그 사람의 나이, 성별, 체중, 전반적 건강 상태뿐만 아니라 모국어, 어릴 때 살았던 지역, 사회적 지위까지도 추측할 수 있다.

과학자들은 우리의 발성 기원이 약 40만 년 전으로 거슬러 올라가, 감정 폭발affect bursts이라고 알려진 영장류의 짧고 감정적인 소리에서 비롯되었다고 본다. 우리는 호모 사피엔스로 진화하여 이러한 소리의 의미를 이해하고 효과적으로 사용하면서 의사를 제대로 전달하게 되었고, 이로 인해 진화적 이점을 얻었다. 단어 형태로 언어를 사용하기 전에도, 우리는 위험에 처한 아이들에게서 고통의 신호를 포착하고, 경고를 공유하고, 적과 친구를 식별할 수 있었다. 더 진화하면서 구체적 의미를 지닌 단어를 사용하기 시작했지만, 영장류 때 그랬던 것처럼 목소리의 음량, 어조, 음고, 속도, 강조 등 발성을 활용해 의사소통을 계속했다.[4]

단어는 여러 작업을 동시에 수행하는 멀티플레이어로, 구두 정보뿐만 아니라 비언어 정보도 전달한다. 사람들은 대부분 하루에 평균 2만 개에서 3만 개 정도의 단어를 듣는다.[5] 1분에 약 150개의 단어를 말하는데, 말하는 속도보다 훨씬 빠르게 들을 수 있다 보니 1분에 약 450개 단어를 들을 수 있다. 따라서 상대가 하는 말의 내용과 그의 발성에 담긴 비언어 정보까지 충분히 처리할 수 있다.[6]

개인적 공간이 신변 뉴런과 C-촉각 섬유의 접촉 기능에 어느 정도 영향을 받듯이, 발성 능력은 상측두구superior temporal sulcus라는 작지만 역동적인 뇌 영역에 의존한다. 스탠퍼드대학교의 심리학자 사이먼 레이폴드Simon Leipold와 동료들은 고급 fMRI 기술을 이용한 연구에서, 우리가 타인의 목소리에서 감정을 정확하게 해독할 때 상측두구가 더 활성화된다는 사실을 발견했다. 그의 연구팀은 이 부위가 들어오는 발성 정보와 나가는 감정 판단을 연결하는 허브라는 사실을 밝혀냈다. 감정의 언어적, 비언어적 표현과 함께 다양한 종류의 음고, 어조 등을 포함한 발성에 반복적으로 노출되면 뇌의 이 연결 허브가 발달한다.[7]

크라우스와 마찬가지로, 사회심리학자 앨버트 메라비언Albert Mehrabian도 감정을 읽고 소통하는 데 발성이 매우 중요하다고 믿는다. 메라비언은 《침묵의 메시지Silent Message》라는 책에서 7-38-55 원칙을 제안했다. 즉 감정적 의미의 7퍼센트만 단어를 통해 전달되고, 38퍼센트는 음량, 어조, 음고, 속도, 강조로 전달되며, 나머지 55퍼센트는 표정, 몸짓, 자세, 접촉, 개인적 공간 등 온갖 비언어 경로의 조합으로 전달된다는 것이다. 비율에 차이가 있을 수는 있지만, 다른 심리학자들도 대부분 감정 표현에서 발성이 가장 중요하다는 데 동의한다.[8]

럿거스대학교의 알렉스 반 잔트Alex Van Zant와 펜실베이니아대학교의 요한 버거Johan Berger가 실시한 실험에 따르면, 발성은 사람들을 설득하는 데도 중요한 역할을 한다. 그들은 실험 참가자들에게 음고와 음량을 조절하는 등 다양한 발성 전략을 구사해서 사람들이 제품을 구매하도록 설득하라고 했다. 상당히 크고 빠른 발성을 구사한 참가자들의 말이 더 믿음직하게 들렸고, 따라서 판매 성공률도 훨씬 컸다. 소비자는 발성 전략이 사용되고 있다는 점을 알면서도 물건을 구매했다.[9]

아이들이 어릴 때부터 발성을 적절히 활용하고 해석하도록 가르쳐야 한다. 그래야 나중에 또래 친구들과 효과적으로 관계를 맺을 수 있다. 이 장은 당신이 그렇게 하도록 도와줄 것이다.

발성의 유형

발성의 본질을 제대로 이해하려면 활용 가능한 여러 유형부터 알아야 한다.

음량volume: 목소리 크기는 우리 말이 제대로 들리는지 여부를 결정하는 데 그치지 않는다. 우리가 타인에게 인식되는 방식에도 영향을 미친다. 〈새터데이 나이트 라이브Saturday Night Live〉, 일명 SNL 코미디 쇼의 한 에피소드에서는 시끄러운 가족 구성원들이 장례식에서조차 서로 끊임없이 소리치며 온갖 사회적 실수를 저지른다. 굳이 이런 에피소드를 거론하지 않더라도 평소에 지나치게 크게 말하는 사람들은 공격적이거나 군림하려 드는 사람으로 여겨진다. 반면에 아주 부드럽게 말하는 사람은 약하거나 소심한 사람으로 보일 수 있다. 웅얼거리거나 너무 조용히 말하면, 그 말의 의미와 밑바탕에 깔린 감정이 쉽게 간과될 수 있다. 시트콤 〈사인펠드Seinfeld〉의 한 에피소드에서는 크레이머가 '개미 소리'처럼 매우 작게 속삭이는 여성과 데이트하는 장면이 나온다. 이 여성이 무슨 말을 하는지 아무도 알아듣지 못했지만, 누구 하나 여성에게 목소리를 높이라고 말하고 싶어 하지 않았다. 그 결과, 그녀의 작은 목소리는 이 시끄러운 가족의 요란한 목소리만큼이나 사회적 문제를 일으켰다. 아이들도 마찬가지다. 두 살 난 아이가 너무 크거나 너무 작게 말하면 귀여울 수 있지만, 여섯 살 난 아이가 그런 실수를 저지르면 또래 관계를 형성할 때 어려움을 겪을 수 있다.

음고pitch: 목소리의 높낮이는 감정과 관련해서 많은 이야기를 들려줄 수 있다. 대체로 불안하거나 곤경에 빠지거나 확신할 수 없을 때 음고가 높아질 것이다. 차분하고 자신감이 있을 때는 음고도 일정할 것이다. 그런데 우리가 목소리의 높낮이를 읽는 방식이 성 편견에서 비롯될 수 있다는 사실을 명심해야 한다. 사춘기가 지나면 남성은 흔히 목소리가 낮아지는데, 때로는 이러한 특성을 바탕으로 고정관념에 사로잡힌다. 즉 음고가 높으면 나약하고 미성숙하다고 여기고, 낮으면 강하고 성숙하다고 여기는 것이다.

어조tone of voice: 똑같은 말이라도 어조에 따라 다양한 의미를 전할 수 있다. 단조로운 어조로 말하는 사람은 어떤 감정인지 알아차리기 어렵다. 반면 어조로 표현하는 데 능한 사람은 흥분, 빈정거림, 동정, 경멸, 슬픔, 의심, 초조함 등 다양한 감정을 목소리만으로 전달할 수 있다. 아기들은 아주 어릴 때부터 어조를 알아차릴 수 있지만, 말할 때 그러한 톤을 다 활용할 만큼 성숙하진 않다. 어린아이들은 학교에 입학하기 전까진 아기 같은 목소리로 말해도 괜찮을 수 있지만, 관계를 잘 맺으려면 어조를 적절히 바꾸는 능력을 반드시 갖춰야 한다.

속도pace: 어조와 마찬가지로 말의 속도도 감정 메시지를 전달할 수 있다. 우리는 흔히 흥분하거나 화나면 빠르게 말하고, 슬프거나 실망스러우면 느린 속도로 말한다. 성인은 보통 1분에 150 단어 정도를 말하는데, 말하는 속도는 개인마다 다를 수 있다.[10] 앞에서 말했듯이 우리는 말하는 것보다 훨씬 더 빨리 듣는다. 우리 뇌는 사람들이 전하는 정보를 그들이 말하는 속도보다 훨씬 빠르게 처리하기 때문에, 일반적으로 말이 느린 사람보다 빠른 사람에게 짜증을 덜 느낀다. 사람들과 관계를 맺는 가상 좋은 방법 가운데 하나는 상대방 속도에 맞춰 당신의 속도를 바꾸는 것이다.

강조emphasis: 우리가 강조하겠다고 결정한 단어들을 바꾸기만 해도, 문장의 전체 의미가 달라질 수 있다. 강조가 어떤 영향을 미치는지 알고 싶다면 각 문장에서 진하게 표시된 부분을 힘주어 읽어보라.

메리는 내게 자신의 책을 빌려주고 있다. (다른 사람은 빼고 메리만 그렇다.)

메리는 내게 자신의 책을 빌려주고 **있다**. (메리가 책을 빌려준 건 엄연한 사실이다.)

메리는 내게 자신의 책을 **빌려주고** 있다. (책을 주는 게 아니라 빌려주는 것이다.)

메리는 **내게** 자신의 책을 빌려주고 있다. (메리가 책을 다른 사람에겐 안 빌려주고 나한테만 빌려준다.)

메리는 내게 **자신의** 책을 빌려주고 있다. (그 책은 메리의 것이다.)

메리는 내게 자신의 **책**을 빌려주고 있다. (메리가 내게 다른 물건은 빌려주지 않고 책만 빌려주는 것이다.)

이제 겨우 단어 사용 능력을 습득한 아주 어린 아이들에게는 이런 미묘한 차이가 통하지 않겠지만, 더 큰 아이들이 강조를 정확하게 사용하거나 해석하지 못하면 온갖 혼란과 오해가 생길 수 있다.

감탄사interjections: 대화 도중 무심코 내뱉는 무의미한 말도 발성 영역에 포함된다. "있잖아", "그러니까", "음" 같은 말이나 목청을 가다듬는 소리는 정확한 단어나 구절을 선택할 시간을 벌어주긴 하지만, 이를 과도하게 사용하면 자신감이나 경험 부족, 불안으로 보일 수도 있다. 아주 어릴 때는 이런 말들을 편하게 사용해도 되지만, 아이가 학교에 들어갈 때도 "있잖아"나 "그러니까"를 남발한다면 가볍게 지적해준 후에 감탄사 없이 말하는 법을 알려준다.

그 밖의 발성적 요소: 의미 있는 단어 외에도 우리 목에서 나는 소리는 모두 발성으로 간주한다. 가령 웃음, 울음, 비명, 헐떡임, 혀 차는 소리, 한숨, 기침 등이 여기에 해당한다. 아주 어린 아이들에게 "하지 마"와 같은 의미로 사용되곤 하는 "어허!"나 "으음" 같은 소리 패턴도 이 범주에 속한다. 이 모든 발성적 요소를 제대로 다루지 못하는 아이는 교사에겐 방해가 되고 또래에겐 놀림감이 될 수 있다.

발성을 제대로 활용할 줄 아는 아이들은 의사소통과 관계 형성에서 상당한 이점을 누린다. 하지만 안타깝게도, 스크린 사용이 특히 발성으로 전달되는 감정을 구별하는 아이들의 능력에 큰 타격을 입혔다. 물론 스마트폰과 태블릿과 컴퓨터도 인간의 목소리를 전달하긴 하지만, 품질과 어조와 음고가 떨어질 수 있다. 또한 우리가 대면 소통의 풍부함과 복잡성에서 얻는 것만큼 많은 정보를 전달하지 못할 수 있다. 그러다 보니 줌 같은 시청각 시스템을 통해 소통할 때는 전화 통화나 대면으로 의사소통할 때보다 더 많은 노력을 기울여야 하는데, 과도한 노력은 정신적 에너지를 소모시켜 실수할 가능성을 높인다.

팬데믹 기간에 마스크를 쓰고 보낸 2년은 아이들의 발성 발달에도 큰 타격을 입혔다. 마스크를 착용하면 소리가 차단되어 단어뿐만 아니라 그 뒤에 숨은 감정을 이해하기 어렵다. 일리노이대학교의 음성 및 청각 과학부Department of Speech and Hearing Science 연구원이자 교수인 파스콸레 보탈리코Pasquale Bottalico는 화자가 마스크를 쓰고 말하면 벗고 말할 때보다 청자가 단어를 46퍼센트 적게 인식한다는 사실을 발견했다. 그런데 단어를 제대로 인식하지 못하면 감정 포착도 어려워진다. 구체적으로, 마스크를 쓰고 말하면 자음을 더 알아듣기 어렵다. 자음은 모음보다 음고가 높은데, 마스크 때문에 감정을 식별하는 중요한 단서인 음고 변화를 알아차리기 어렵기 때문이다.[11] 마스크는 여러 소리 간의 차이도 줄인다. 특히 음향 상태가 형편없는 환경이나 아이들로 가득 찬 교실처럼 배경 소음이 많은 곳에서는 더욱 그렇다. 내가 DANVA 발성 테스트로 조사한 바에 따르면, 마스크를 착용하면 두려움을 제외한 모든 감정을 알아차리기가 더 어려웠다.[12]

스크린을 통해서 이뤄지거나 교실에서 마스크를 쓴 채 이뤄진 음성 의사소통의 장기적 영향에 대한 조사가 현재 진행되고 있다. 최근 보고서에 따르면, 요즘 10대는 (어른들의 감정은 곧잘 읽어내지만) 또래 친구들의 어조에서 감정을 읽는 데는 어려움을 겪고 있다.[13]

다른 모든 비언어적 소통 경로와 마찬가지로, 발성도 문화적 차이를 고려해야 한다. 최근 들어서야 과학자들은 발성을 통한 감정 표현이 보편적인지, 아니면 문화적 배경에 따라 규정되는지 평가하기 시작했다. 미국인 사이에서 슬프게 들리는 목소리가 중국인에게도 슬프게 들릴까? 심리학자 페트리 라우카Petri Laukka와 힐러리 엘펜바인Hillary Elfenbein은 24개 문화권에서 감정의 발성적 표현을 측정하고, 42개 문화권에서 감정을 목소리로 식별하는 능력을 분석했다. 그 결과, 행복 같은 긍정적 감정의 발성적 표현은 문화마다 다르게 해석되기도 했다. 미국인에게는 행복하게 들리는 말이 베트남 사람에게는 그렇지 않을 수 있고, 심지어 분노나 두려움으로 해석될 수도 있다. 반면 슬픔 같은 부정적 감정은 문화권을 막론하고 쉽게 인식된다.[14]

라우카와 엘펜바인의 연구 결과는 갈수록 다양해지는 학생들을 가르칠 때 유용하다. 교사는 자신이 학생들의 발성에서 감정을 잘못 읽을 가능성뿐만 아니라 학생들이 교사의 발성에서 감정을 잘못 읽을 가능성도 유념해야 한다. 실수할 가능성을 줄이려면, 교사는 발성과 함께 표정 같은 다른 비언어를 곁들여 학생들이 메시지를 더 쉽게 이해할 수 있도록 해야 한다.

유아기와 유년기 초기의 발성

목소리에서 감정을 읽고 활용하는 기술은 유아기에 형성되어 유년기 초기와 후기 내내 발달한다. 임신 3기가 되면 태아는 벌써 꿈틀대거나 발로 차는 식으로 엄마 목소리에 반응할 수 있다. 하지만 아빠나 형제자매의 목소리에는 반응하지 않는다. 유아는 태어난 지 3주 만에 엄마 목소리와 다른 어른의 목소리가 어떻게 다른지 인식하고 구별할 수 있다.[15] 출생 후 몇 달 사이에는 청각 체계가 시각 체계보다 빨리 발달해서

아기들이 보는 것보다 듣는 것을 더 잘하기 때문이다.[16]

초기에 양육자는 유아의 관심을 끌기 위해 유아어(초기 연구가 주로 엄마들과 함께 이루어지기 때문에 심리학자들은 유아어를 '모성어motherese'라고 부른다)나 유아 지향적인 말infant-directed speech의 형태로 발성을 활용할 수 있다. 유아들이 높고 느린 단조로운 목소리에 반응하는 데는 그럴 만한 이유가 있다. 청각 체계가 아직 덜 발달해서 이런 소리를 더 쉽게 인식하기 때문이다. 하지만 유아들이 일반적인 말보다 유아 지향적인 말에 더 쉽게 반응한다고 해서 여기에 전달되는 감정도 반드시 이해하는 건 아니다. 그러한 인식은 나중에 간식이나 포옹을 받는 것 같은 행동적 결과에 음고와 어조를 연결하는 법을 배우면서 생겨난다.

아기들은 태어난 첫해에 발성을 빠르게 이해하고 활용한다. 5개월이 되면, 목소리에서 드러나는 감정을 구별하기 시작한다. 두 돌 무렵에는 감정을 전달하기 위해 자신의 목소리를 활용하기 시작한다.[17] 예를 들어 우리 아들은 그 무렵 내 동정심을 얻으려고 '우는 소리'를 낼 수 있었고, 다른 아이들이 울 때 위로가 필요하다는 사실도 알아차렸다.

3세가 되면, 아이들은 인형극에서 목소리와 상황적 단서만을 바탕으로 감정을 정확하게 식별할 수 있다. 아동 심리학자 브루스 모튼Bruce Morton과 산드라 트레허브Sandra Trehub의 연구에 따르면, 어린아이들은 4세가 되면 사람들이 어떻게 느끼는지 판단하기 위해 말에 더 많이 의존하지만 나이가 들수록 다시 발성을 더 활용한다. 연구의 일환으로, 그들은 4세에서 10세 사이의 아이들과 젊은 성인들을 대상으로 "큰 선물을 받았어!", "개를 잃어버렸어"와 같이 행복하거나 슬픈 사건을 묘사하는 문장을 들려주었다. 어조는 문장 내용과 일치할 때도 있고 어긋날 때도 있었다. 4세 아이들은 행복이나 슬픔을 판단하기 위해 문장 내용에만 집중한 반면, 6세 이상의 아이들은 의미를 구별하기 위해 발성을 고려했다. 또한 젊은 성인들은 감정을 식별하기 위해 말은 무시하고 발성에 의지했다.[18]

유아기에 목소리에서 감정을 식별하고 표현하는 데 능숙해지면, 유년기 후반에 더 복잡한 발성을 더 잘 사용한다는 증거가 점점 많아지고 있다.[19] 아이들은 여타 비언어 경로보다 발성에 대해서는 부모와 양육자에게 더 의존한다. 음고, 어조, 속도에 관한 엄격한 규칙이 없으니, 부모와 양육자를 따라 하면서 기술을 익히는 것이다.[20]

어린아이에게 발성을 도와주는 팁

① **의도적으로 발성의 모범을 보여라**

아이에게 적절한 발성 표현의 시범을 보이는 데 너무 이른 시기는 없다. 처음엔 유아 지향적인 말이나 유아어를 쓸 수 있지만, 몇 달 지나면 이를 점차 줄여야 한다. 아이가 말로 의사를 표현하는 두 살 무렵에는 완전한 문장과 일반적인 음고로 아이에게 말해야 한다. 아울러 유년기 초기부터는 의도적으로 아이에게 적절한 범위의 음고, 어조, 음량, 속도를 시범 보여야 한다.

② **당신의 발성 패턴을 인식하라**

사람마다 발성이 다르다. 가령 내 아내는 노르웨이 혈통이다. 그리고 내 어머니는 이탈리아 출신이다. 이러한 문화적 영향으로, 아내는 억양을 많이 사용하지 않고 조용히 말하는 편이고, 나는 강조를 많이 하면서 빠르게 말하는 편이다. 부모이자 조부모로서, 우리는 서로를 보완해준다. 아이에게 대가족이나 친구 그룹에서 다양한 발성을 들려주기 어렵다면, 출신 배경이 다른 학생이나 교사로 이루어진 수업을 찾아볼 수 있다. 심지어 두 가지 언어를 사용하는 유아 프로그램을 신청하는 것도 고려해볼 수 있다. 케임브리지대학교의 심리학자 요웨이퀸Quin Wei Yow과 엘렌 마크먼Ellen Markman이 밝혀낸 바에 따르면, 취학 전 이중 언어를 사용하는 아동은 단일 언어를 사용하는 또래보다 화자의 자연스러운 목소리에서 감정을 더 잘 식별했다.²¹

③ 아이에게 '실내' 목소리와 '실외' 목소리를 가르쳐라

2세 무렵부터는 목소리 크기를 조절하도록 배워야 한다. 아이에게 적절한 음량을 가르치는 오래된 방법은 '실내' 목소리와 '실외' 목소리로 설명해주는 것이다. 즉 실내에선 부드러운 목소리로, 실외에선 큰 목소리로 말하라고 설명한다.

④ 관심을 끌려고 징징거리거나 울지 않도록 아이를 격려하라

걸음마를 뗀 아이는 징징거리거나 우는 소리로 부모의 관심을 끊임없이 끌려고 할 것이다. 그럴 때마다 부모는 대뜸 사탕이나 장난감 등 아이가 원하는 것을 안겨줘서 그 소리를 멈추게 하려 든다. 하지만 이러한 조치는 떼쓰기가 먹힌다는 메시지를 전달할 뿐이다. 그럴 땐 "우는 소리가 아니라 상냥한 목소리로 다시 말해봐. 그러면 줄게"라고 말하는 게 좋다. 부모가 징징거리는 소리와 그렇지 않은 소리를 직접 시범 보이며 그 차이를 알려주고, 아이가 올바른 소리로 요청하도록 도와줄 수 있다.

⑤ 함께 책을 읽으면서 다양한 감정적 어조를 시도해보라

아이에게 발성을 연습시키는 또 다른 방법은 함께 책을 읽으면서 여러 등장인물의 목소리로 그들의 감정을 드러내는 것이다. 만약 스펀지밥SpongeBob이 제일 좋아하는 조개껍데기를 누가 가져갔다면, 그 사실을 말할 때 어떤 소리를 낼까? 《곰돌이 푸》에서 티거Tigger가 루Roo에게 "뛸 준비 됐니?"라고 물을 때 목소리가 신날까 아니면 슬플까? 동화책 중에는, 행복, 슬픔, 분노, 두려움 등 기본 감정을 연습할 수 있는 작품이 많다.

⑥ 재미있는 말이나 표정으로 아이를 웃겨라

연구 결과, 부모가 많이 웃으면 아이도 덩달아 많이 웃는 것으로 나타났다. 웃음소리는 공유된 즐거움과 기쁨으로 우리를 연결하는 일종의 사회적 접착제 역할을 한다. 함께 웃고 떠들다 보면 사회적 연결도 쉽게 이루어진다.

유년기 후기의 발성

유년기 후기에는 발성 때문에 다양한 일이 벌어질 수 있다. 아이들은 급속히 발달하는 이 시기에 가끔 발성을 잘못 해석해서, 교실에서의 상호작용에 심각한 지장을 초래하기도 한다.

나는 에단이 다니는 초등학교 1학년 교실을 방문했을 때, 에단이 특히 활동을 전환하는 과정에서 지시를 따르지 않는 바람에 교사가 힘들어하는 모습을 관찰했다. 상황이 자꾸 나빠지자 학교 측은 내게 에단이 적대적 반항장애oppositional personality disorder인지 평가해달라고 했다. 적대적 반항장애로 진단받은 아이들은 흔히 규칙을 따르지 않고 지시하는 내용과 반대로 행동하는 경향이 있다. 그들은 지시를 무시할 뿐만 아니라 어떤 식의 중재에도 완강하게 저항한다.

나는 교실에 처음 들어섰을 때, 교사가 간단한 소리 패턴으로 학급 전체를 통솔하는 방식에 주목했다. 가령 교사가 "어어!"에 이어서 "음, 음, 음"이라고 말하면, 아이들은 이를 하던 일을 멈추고 물건을 치워야 한다는 신호로 이해했다. 다들 일사불란하게 움직였지만 에단은 교사가 소리 패턴의 강도를 높일 때조차 지시를 따르지 않았다. 교사는 결국 에단에게 다가가서 날카롭게 말했다. "에단, 당장 멈춰!" 에단은 하던 일을 즉시 멈췄지만 선생님이 왜 짜증을 내는지 도통 모르겠다는 표정을 지었다. 이는 적대적 반항장애로 진단받은 아이에게서 보일 법한 행동이었지만, 나는 에단의 행동을 다르게 설명할 수도 있겠다고 생각했다.

나는 부모와 상담도 하고 문제의 근원도 밝히기 위해 에단의 집을 방문했다. 알고 보니, 그 집은 내가 '시끌벅적한 가족'이라고 부르는 그룹에 속했다. 즉 관심을 끌기 위해 구성원들끼리 목청껏 소리쳤다. 에단의 선생님이 하는 미묘하고 부드러운 의사소통은 그들 사전에 없었다. 에단은 반항적 성격이 아니라 교사의 미묘한 소리 패턴을 배울 기회가 없는 가정에서 나고 자란 탓에 그 뜻을 알아차리지 못했던 것이다. 이 사실을 알게 된 교사가 에단과 몇 차례 개별 면담을 진행하며 소리 패턴을 알려주었고, 에단은 교사의 음성 단서를 금세 알아차리게 되었다. 그 후 에단의 행동은 극적으로 개선되었다.

앞에서 살펴봤듯이, 어린아이들은 감정을 읽을 때 주로 표정에 의존하는 경향이 있다. 그들에게는 말의 내용과 발성이 별로 중요하지 않다. 하지만 유년기 후반에 극적인 변화가 일어나, 초등학교를 졸업할 무렵이면 감정적 메시지를 읽고 전달하고자 발성에 의존하는 단계에 이른다. 예를 들어 네 살 난 아이에게 무척 슬픈 목소리로 행복하다고 말하면, 아이는 아마 미소를 지으며 자신도 행복하다고 말할 것이다. 하지만 열 살 난 아이에게 똑같이 하면, 아이는 당신이 슬퍼해서 속상하다고 말할 것이다. 이젠 발성을 통해 메시지 뒤에 숨은 의미를 파악할 수 있기 때문이다.

유년기 후반에는 발성으로 또래와의 사회적 소통에 새로

운 세계가 열린다. 유머나 짜증을 전달하고자 빈정거림을 적절히 활용하는 것도 이에 포함된다. 빈정거림은 억양, 강조, 음고를 활용해 말의 내용과 다른 의미를 전달한다는 점에서 발성에 의존한다. 빈정거림이 효과를 발휘하려면, 아이는 단어의 의미보다 발성을 더 고려하는 발달 단계에 있어야 한다. 최근에 학교를 방문했을 때, 나는 고학년 아이가 저학년 아이에게 "서츠 멋지다"라고 말하는 걸 우연히 들었다. 저학년 아이는 어조보다 말의 내용에 더 영향을 받는 나이였기에 웃으면서 "고마워"라고 말했다. 아이들은 빈정거림을 감지하는 법뿐만 아니라 그런 식으로 다른 사람의 감정을 상하게 하면 안 된다는 점도 배워야 한다.

일반적으로, 아이가 발성을 잘못 읽고 잘못 표현하면 친구를 사귀는 데 어려움을 겪을 수 있다. 예를 들어 테레사는 착하고 다정한 아이지만, 두려움으로 가득 찬 어조를 행복한 어조로 잘못 해석하는 경향이 있다. 놀이에 참여하지 않겠다는 친구의 목소리에서 두려움을 감지하지 못하면, 테레사는 아마 거절하는 친구를 억지로 놀이에 끼게 할 것이다. 그리고 그렇게 하려다가 상대 아이가 소리치거나 달아나면 테레사는 퇴짜를 맞았다고 느낄 것이다. 테레사는 그 상황을 어떻게 받아들일까? 여느 아이들처럼 테레사도 발성 실수를 전혀 알아차리지 못한다. 같은 반 친구와 사이좋게 놀려고 애쓰다 거부당했다고 느낄 뿐이다.

유년기 후반에 어떤 아이는 단조로운 어조로 계속 중얼거리고, 어떤 아이는 회전목마처럼 목소리를 계속 올렸다 내렸다 한다. 아이가 둘 중 하나에 해당한다면, 좀 더 균형 잡힌 어조로 말하는 법을 보여주고 아이에게 따라 하라고 격려해주자.

다른 사람들이 말하는 속도에 호응하는 것도 중요하다. 다른 사람의 속도가 자신의 속도와 맞지 않을 때 아이들은 이를 어떻게 조절할까? 대부분 선호하는 속도가 있지만, 다른 사람의 속도와 어떻게 다른지 인식하고 상황에 따라 더 느리거나 빠르게 말하도록 융통성을 발휘해야 한다. 이를 동기화synchrony라고 하는데, 상호작용하는 사람의 속도에 맞추어 자신의 속도를 조절할 수 있는 능력을 말한다. 연구에 따르면, 발성 상호작용이 동기화되면 관계를 원활하게 시작할 가능성이 커진다.[22] 흥미롭게도 시작 단계 이후에는 동기화가 덜 중요해진다. 하지만 서로 알아가는 과정에서 동기화가 이루어지지 않으면, 관계는 초기 단계에 머물것이다.

유년기 후기에 발성을 잘 활용하도록 도와주는 팁

① 엇갈린 메시지를 피하라

발성이라는 비언어기술은 패턴을 인식하면서 익히게 된다. 그러니 말의 내용과 표정으로는 슬픔이나 분노를 표현하면서 행복한 목소리로 말해 아이를 혼란스럽게 하지 않도록 해야 한다. 그 반대의 경우도 마찬가지다.

② 나쁜 (발성) 습관을 버려라

아이에게 음성 틱$^{vocal\ tic}$이 생기지 않도록 "그러니까", "있잖아" 같은 말을 남발하지 않고 말하는 법을 가르치는 것이 좋다.

③ 아이의 목소리를 녹음해서 들려줘라

자기 목소리를 녹음해 듣는 걸 좋아하는 사람은 없지만, 그래도 이 방법은 우리가 남들에게 어떻게 들리는지 인식하는 데 매우 좋다. 이 과정을 놀이로 만들어서 아이와 즐겁게 수행할 수 있다. 아이에게 "아빠 곰은 뚱뚱해. 엄마 곰은 날씬해. 아기 곰은 너무 귀여워!" 같은 말을 평소 목소리로 말하게 하고 녹음해보자. 녹음 내용을 아이에게 들려주면서 다양한 방식으로 목소리를 바꿀 수 있다고 설명해준다. 아이에게 같은 문장을 더 크거나 부드러운 목소리로, 더 빠르거나 느리게, 더 높거나 낮게, 더 거칠거나 덜 거칠게 말하게 한다. 그때마다 녹음하고, 함께 들어본다.

④ 아이더러 당신의 어조에 담긴 감정적 메시지를 식별하게 하라

앞서 예로 든 문장을 행복하거나 슬프거나 두렵거나 화난 사람처럼 각기 다른 감정적 어조로 아이에게 들려주고, 아이가 그 차이를 구별할 수 있는지 본다.

⑤ 강조가 어떻게 작용하는지 아이에게 보여줘라

이 장 앞부분에서 예로 든 "메리는 내게 자신의 책을 빌려주고 있다" 같은 간단한 문장을 아이와 함께 큰 소리로 말하되, 매번 다른 단어를 강조한다. 강조로 말의 의미가 어떻게 달라지는지 설명해준다. 아이더러 당신이 강조하여 한 말을 흉내 내게 함으로써 다른 사람과 동기화하는 법도 가르칠 수 있다.

⑥ 발성 추측 게임을 해보라

짤막한 TV 영상을 틀어놓은 뒤, 아이더러 화면에서 눈을 뗄 때 목소리만 듣고 그들의 감정을 말하게 한다. 그런 다음 영상을 되돌려서 아이가 제대로 추측했는지 확인한다. 화자의 나이에 따라 발성에서 감정을 찾기가 더 쉽거나 어려울 수 있다. 짤막한 TV 영상은 다양한 연령대 사람들의 발성 특징을 아이에게 보여주기에 좋은 도구다.

⑦ '뜨겁다, 차갑다' 게임을 하라

집 안이나 마당에 무언가를 숨겨두고 아이들이 그것에 가까이 다가가는지 멀어지는지 목소리로만 알려준다. 숨겨둔 물건에 가까워지면 "미지근하다, 따뜻하다, 뜨겁다, 화끈거린다"라는 식으로 말하고, 멀어지면 "서늘하다, 차갑다, 꽁꽁 언다"라는 식으로 말한다. 이것은 파티나 놀이 모임에서 아이들이 하기에 좋은 게임이다.

⑧ 아이와 (또는 아이 주변에서) 소통할 때 빈정거리지 않는다.
다만 그 기능에 관해선 설명해줘라

빈정거리는 말투는 어른들 사이에선 자주 쓰더라도, 아이들 앞에서는 자제해야 한다. 겉과 속이 다른 말을 자주 하면 아이들은 혼란스러워할 수 있다. (심지어 관계를 약화시킬 수도 있다.) 한편 아이가 다른 어른이나 또래와 함께 있을 때 빈정거림을 접할 수는 있으니, 빈정거림이 어떻게 작용하는지 설명해줄 필요가 있다. 아이에게 빈정거리는 말과 그렇지 않은 말을 들려주면서, 다른 사람의 감정을 상하게 하려고 빈정거리면 안 된다고 설명해준다.

전문가의 도움이 필요한 때

아이가 발성을 해석하고 전달하는 데 어려움을 겪고 있다면, 청력 검사를 받아보게 하는 것도 좋은 방법이다. 미국에서는 매년 아이 1000명당 2~3명이 청각장애 진단을 받는다. 청력 검사가 시력 검사만큼 자주 이뤄지지 않는데, 당신의 아이에게 아직 감지되지 않은 청력 문제가 있을 수 있다.

청력에 아무런 문제가 없다면, DANVA 테스트를 포함해 목소리에서 감정을 포착하는 아이의 능력을 평가하는 몇 가지 테스트 중 하나를 받아볼 수 있다. 임상 아동심리학자와 학습장애 전문가가 아이들의 발성 기술을 향상시키는 데 필요한 테스트를 하고 도움을 줄 수 있다. 언어치료사는 발성뿐만 아니라 말을 더듬거리거나 혀 짧은 말을 하거나 어색하게 발음하는 등 다른 문제까지 두루 다룬다.

…

지금까지 비언어적 의사소통에서 발성이 하는 역할을 살펴보았다. 이제 우리는 신체의 움직임과 그 움직임이 감정을 표현하고 수용하는 데 어떤 역할을 하는지 살펴볼 것이다.

보디랭귀지는 주요 비언어 경로 가운데 여섯 번째로, 몸짓, 자세, (우리가 몸에 착용하는) 의상과 장신구 등을 포함한다. 보디랭귀지는 고유한 감정 정보를 전달할 뿐만 아니라, 리듬, 표정, 개인적 공간, 접촉, 발성으로 전달되는 모든 감정을 키우거나 줄이는 역할도 한다. 비언어적 의사소통의 이 중요한 측면은 다음 장에서 살펴볼 것이다.

BODY LANGUAGE ❽

보디랭귀지

교차로의 교통경찰

나는 부모님 덕분에 보디랭귀지로 정보를 전달하고 받는 데 매우 능숙하다. 이탈리아 출신인 어머니는 어떤 감정이든 손, 팔, 어깨, 전반적 자세를 통해 그 즉시 드러냈다. 가령 요리가 의도대로 되지 않으면, 두 손을 번쩍 치켜들고 마구 흔들며 좌절감을 표현했다. 아버지는 정반대였다. 폴란드 가정에서 태어났는데, 전반적으로 특히 몸짓으론 감정을 거의 표현하지 않던 덩치 큰 남자였다. 나는 어렸을 때, 아버지의 기분을 나타내는 미세한 몸짓 신호를 읽으려고 주의 깊게 관찰해야 했다. 눈썹을 올리고 어깨를 약간 늘어뜨리며 주먹을 꽉 쥐면 화났다는 신호였다.

이렇게 뚜렷하게 상반된 스타일을 경험하면서 나는 어린 시절뿐 아니라 청소년과 성인이 된 후에도 유용하게 활용할 인간관계 기술을 습득할 수 있었다. 아버지 덕분에 다른 아이들이 잘 알아차리지 못하는 보디랭귀지 단서를 감지하고 해석하는 데 능숙해졌다. 내가 다녔던 초등학교와 고등학교에서 선생님 몇 분은 몸짓이 크지 않았는데, 그들의 섬세한 동작에 집중한 나는 그들이 전달하려는 메시지를 곧잘 파악할 수 있었고, 결과적으로 교실에서 더 잘 배우게 되었다.

한편, 어머니의 과장된 보디랭귀지는 내게 몸짓 표현의 중요성을 가르쳐주었다. 심리치료를 받으러 온 의뢰인이 바짝 긴장해 말은 별로 안 하면서 손가락을 꼼지락거리는 방식으로 많은 것을 드러낼 때마다 아버지께 항상 감사하고, 반면 수백 명이 듣는 대규모 강의를 진행하면서 맨 뒷줄에 있는 학생들과도 교감해야 할 때는 어머니께 특별히 감사드린다. 팔과 손을 계속 움직이며 강의실을 돌아다닐 때 내가 몸짓언어를 얼마나 많이 사용하는지를 깨닫지는 못한다. 하지만 나중에 팔과 어깨가 쑤시는 걸 보면, 아무래도 이탈리아인 어머니 피를 확실히 물려받은 듯하다.

이 장에서 우리는 인간의 몸을 사회적 소통의 놀라운 도구로 간주할 것이다. 우리는 앉고 서고 걷고 손을 움직이고 팔을 내려놓고 고개를 끄덕이고 몸을 숙이는 등 온갖 행동 방식으로 수많은 감정 정보를 전달한다. 그리고 다른 사람들의 몸짓언어로 그들의 수많은 감정 정보를 추론한다. 몸짓에 다른 비언어를 곁들여 이러한 감정적 메시지를 더 잘 전달할 수도 있다. 가령 미소를 지으면 기분이 좋다는 뜻이지만, 웃으면서 고개를 힘차게 끄덕이면 더욱 기쁜 감정을 드러내게 된다. 반대로 미소 짓는 사람이 몸을 돌리고 경직된 자세를 취하면 단순한 행복보다는 뭔가 복잡한 감정을 전달하게 된다.

아이들이 몸짓언어를 배우기는 쉽지 않다. 우선 사용 가능한 몸짓의 수가 방대하다. 손바닥을 바깥쪽으로 향해 뻗어서 '멈춰'라고 표현하는 간단하지만 중요한 몸짓을 생각해보자. 이 보편적 몸짓은 손의 각도나 손을 앞으로 뻗는 속도에 따라 '조금만 뒤로 물러나세요'에서 '내 근처에는 절대 오지 마!'까지 다양한 의미를 나타낼 수 있다. 실제로 심리학자 모리스 크라우트Maurice Krout는 의미 있는 손 자세를 5000가지 이상 발견했다.[1] 그리고 인류학자 고든 휴스Gordon Hewes는 1000가지가 넘는 신체 자세를 파악했다.[2] 몸짓 신호는 대부분 손과 몸통으로 이뤄지지만, 신체 어느 부위로든 감정적 메시지를 전달할 수 있다.

비언어적 의사소통을 연구하는 심리학자들은 몸짓과 자세를 상징emblems, 설명illustrators, 조절regulators, 정서affectives 등 네 가지 범주로 분류한다. 상징적 몸짓은 주로 손으로 이뤄지며 흔히 동작에 해당하는 구두 표현이 있다. 손바닥을 앞으로 뻗으면 '멈춤'을 나타내는 식이다. 승리를 뜻하는 처칠의 유명한 V, 작별을 뜻하는 손 흔들기, 잘 들리지 않는다는 뜻으로 손을 귀에 대기, '좋다'라는 뜻으로 엄지손가락 들어올리기 등이 이에 해당하는 예다. 반면, 설명적 몸짓은 한 가지 뚜렷한 메시지를 뜻하진 않지만, 화자가 말하려는 내용을 더 명확하게 전달하는 데 도움을 준다. 예를 들어 말하면서 손을 강하게 움직이면 뭔가 중요한 내용을 전달한다는 신호이고(내 어머니처럼 딱히 중요한 내용이 아닌데 흔들 수도 있다), 주먹을 꽉 쥐면 화났거나 좌절했거나 수세를 취한다는 신호이다. 설명적 몸짓은 대개 손이 관여하지만 몸통, 심지어 몸 전체가 관여할 수도 있다. 예를 들어 방금 멋진 소식을 들었다면서 허공에 주먹을 날리며 펄쩍 뛰어오르는 경우가 그렇다. 조절적 몸짓은 주거니 받거니 하며 원활하게 상호작용하는 동안 이뤄지는 것으로, 고개 끄덕이기, 몸 앞이나 뒤로 기울이기, 상대에게 말하라는 뜻으로 손 비스듬히 내밀기 등이 이에 포함된다. 네 번째이자 마지막 유형인 정서적 몸짓은 상징의 감정적 대응물로서 뚜렷한 감정적 메시지를 전달한다. 분노를 나타내고자 주먹을 흔들거나 혼란스러움을 나타내고자 어깨를 으쓱하거나 슬픔을 나타내고자 머리를 두 손으로 감싸는 등이 그 예다.[3]

우리 삶에서 몸짓의 힘을 이해하기 위해선 복잡한 교차로에 서 있는 교통경찰을 떠올리면 된다. 자동차가 사방으로 질주하는 교차로에서 제복 차림으로 혼자 자세와 팔 동작과 손짓만으로 어떻게 수많은 차량과 보행자의 움직임과 방향을 지시하고, 차량 흐름을 제어하는지 생각해보면 된다는 뜻이다. 일상생활에서 몸짓은 일반적으로 우리의 인식 밖에서 더 미묘하게 작동하며, 교통경찰처럼 상호작용의 흐름을 지시하고 제어한다. 이게 잘못되면, 의미 있는 상호작용에 참여하려는 시도는 신호등이 고장 난 혼잡한 교차로에서처럼 정체와 혼란을 겪게 될 수 있다.

보디랭귀지가 중요한 이유

보디랭귀지는 여러 중요한 방식으로 다른 비언어적 의사소통 형태와 구별된다. 일단 거짓으로 꾸며내기가 굉장히 어렵다. 뛰어난 연극배우나 영화배우도 자신의 몸짓을 다양한 역할에 맞게 조정하는 데 어려움을 겪는다. 몸짓과 자세는 DNA만큼이나 타고나는 것이어서, 표정과 발성처럼 쉽게 조절할 수 없기 때문이다.

이 특별한 비언어적 소통 경로의 또 다른 특징은 아예 꺼

버리는 게 불가능하진 않더라도 무척 어렵다는 것이다. 조금 떨어진 곳에서 사람들이 대화하는 모습을 지켜본 적이 있는가? 다들 몸을 끊임없이 움직인다. 심지어 휴대전화로 통화할 때조차 가만있지 못한다. 통화하는 사람이 바로 앞에 있는 양 두 손과 팔, 때로는 다리와 머리 자세까지 끊임없이 바꾼다. 의식하든 못하든 우리가 하는 모든 움직임은 사회적, 감정적 정보를 드러낸다. 심지어 가만있을 때도 우리는 자세를 통해 무언가를 말한다.

게다가 우리 뇌는 다른 어떤 비언어 경로보다도 몸짓언어에서 나오는 사회적, 감정적 정보를 더 빠르게 처리한다. 네덜란드 틸버그대학교의 한네케 미에렌Hanneke Meeren과 동료들은 한 연구에서, 얼굴에 드러난 감정이 몸짓으로 표현된 감정과 모순되는 사진(가령 낙담한 자세로 서서 미소 짓는 사람)을 참가자들에게 보여줬다. 참가자들의 구두 보고와 뇌 활동의 전기적 측정 결과, 두 가지 비언어 경로로 전달되는 메시지가 어긋날 때, 몸으로 전달되는 감정이 표정을 압도하는 것으로 나타났다. 이에 대해 연구진은 우리 뇌가 얼굴에서 받는 정보보다 몸에서 나오는 사회적, 감정적 정보를 더 빨리 받아들이고 처리하기 때문이라고 결론 내렸다.[4] 몸짓을 읽는 데 능숙해지면 사람들의 감정을 평가하는 데 분명한 이점이 있다. 예를 들어 누군가가 어깨에 힘을 주고 주먹을 꽉 쥔 채로 인사한다면, 심지어 만나서 반갑다고 웃는 얼굴로 말하더라도 상대가 당신에게 단단히 화가 났음을 정확하게 추론할 수 있다.

걷는 방식도 우리가 느끼는 감정에 관한 정보를 전달한다. 어깨를 뒤로 젖히고 고개를 세워 당당히 안으로 들어서면, 주변 사람들에게 자신감과 침착함을 느끼게 한다. 이렇게 자신감을 보여주면 사람들은 우리를 더 긍정적으로 바라본다. 반대로 우리가 어깨를 축 늘어뜨리고 눈을 내리깔고 고개를 숙인 채 방에 들어서면, 주변 사람들은 우리가 힘든 하루를 보냈다고 생각하거나, 더 나쁘게는 그곳에 있고 싶어 하지 않는다고 생각할 것이다.

몸짓언어를 정확하게 해석하면 이점이 많은데도, 우리는 표정과 목소리로 전달되는 정보에 주로 주의를 기울인다. 심리학자 마리안네 굴베리Marianne Gullberg와 켄네트 홀름크비스트Kenneth Holmqvist에 따르면, 우리는 소통할 때 90퍼센트 이상의 시간을 상대의 얼굴을 쳐다보는 데 할애한다. 즉 나머지 신체에서 전달되는 비언어 정보엔 주의를 조금밖에 기울이지 않는다.[5] 그런데 다른 비언어 경로가 차단되거나 손상되어 몸짓언어에 의존할 수밖에 없는 경우가 많다. 예를 들어 누군가가 멀리 떨어진 곳에 있을 때, 우리는 그 사람의 정서적 상태를 파악하기 위해 몸짓에 의존해야 한다. 표정을 보거나 어조를 들을 수 없기 때문이다. 성인이 되어 사교 모임에 가면, 우리는 누군가에게 다가갈지 말지 결정할 때 본능적으로 몸짓 언어를 살핀다. 상대의 몸짓이 개방적이고 친근하면 다가가서 인사하지만, 폐쇄적이거나 기분이 좋지 않아 보이면 슬며시 피한다. 팬데믹 기간에 대다수 학교가 엄격한 사회적 거리두기 규칙을 시행했을 때, 아이들은 감정적 정보를 주로 몸짓과 자세로 유추했다. 마스크로 얼굴을 가린 채 서로 최소 3미터 이상 떨어져 있거나, 스크린으로 왜곡되거나 혹은 다른 이유로 손상되어 목소리와 표정을 읽기가 어렵다 보니, 몸짓언어야말로 교사나 학생 모두에게 가장 신뢰할 만한 비언어적 의사소통 수단이었다.

몸짓, 걸음걸이, 자세

다양한 상황에 보디랭귀지를 적용하는 능력은 사회적 성공에 중요하다. 나는 한 초등학교에서 수업 참관 중에 만났던 아홉 살 난 리카르도를 지금도 기억한다. 리카르도는 활발한 몸짓 덕분에 인기 있는 리더가 될 수 있었다. 학교 축구팀 주장을 뽑아야 했는데, 누가 봐도 리카르도가 적임자였다. 팀이 잘하고 있을 때, 리카르도는 팔을 신나게 흔들면서 열정적으로 뛰어다녔다. 관객을 향해 엄지손가락을 치켜세우기도 하고, 선수들의 등을 두드리거나 하이파이브를 시도했다. 팀이 지고 있을 때는 "최선을 다하고 있잖아!"라고 말하듯 어깨를 으쓱하면서 모두의 기분을 달래고, "힘내!"라는 듯 두 팔을 번쩍 들어올려 기운을 북돋웠다. 선수로서 실력이 뛰어나기도 했지만, 리카르도가 팀원들을 단결시키고 격려하는 비언어 활용 능력이 뛰어나지 않았다면 리더로 선택되지는 못했을 것이다.

연구에 따르면, 손동작을 능숙하게 자주 사용하는 사람은 더 흥미롭고 매력적으로 평가되며, 남들과 더 쉽게 연결된다. 사회 심리학자인 에이미 커디Amy Cuddy는 2012년 '보디랭귀지가 당신의 정체성을 형성할 것이다Your Body Language May Shape Who You Are'라는 제목의 유명한 TED 강연에서, 면접을 앞두고 긴장을 풀기 위해 2분간 '파워 포즈power pose', 즉 자신감 넘치는 자세를 취하면 면접관에게 좋은 인상을 주어 채용될 가능성이 커진다고 주장했다.[6] 작가 바네사 반 에드워즈Vanessa Van Edwards가 TED 강연자들을 평가한 최근 자료에 따르면, 가장 인기 있는 TED 강연자들은 가장 인기 없는 강연자들보다 손동작을 거의 두 배나 많이 사용했다. 사용하는 몸짓의 유형 또한 중요했다. 인기 있는 강연자들은 일곱 가지 특정 몸짓을 주로 사용했는데, 그중 하나는 눈에 보이지 않는 물체의 크기를 보여주려는 듯 두 손을 45센티미터 정도 벌리고 있는 동작이었

고, 다른 하나는 지적할 때 주로 쓰는 집게손가락 대신 엄지손가락으로 요점을 강조하는 것이었다.[7]

가장 높은 평가를 받고 가장 많은 조회 수를 기록한 TED 강연자 중 한 명인 맥쿼리대학교의 앨런 피즈Allan Pease는 손동작이 영향을 크게 미치는 건 뇌가 인간의 다른 신체 부위보다 손과 더 많이 연결되어 있기 때문이라고 주장한다.[8] 그런 점에서 손을 자꾸 꼼지락거리는 아이들에게 가만히 있으라고 주의를 줄 게 아니라 손동작을 자신에게 유리하게 활용하는 법을 가르쳐야 한다.

자세와 걸음걸이도 사람들의 인식에 매우 실질적인 영향을 미칠 수 있다. 예를 들어 걸을 때 팔과 다리와 몸통을 유연하게 움직이는 사람들은 주춤거리거나 뻣뻣하게 걷는 사람들보다 자신감이 더 높다고 인식된다. 실제로 심리학자 브리타니 블라스코비츠Brittany Blaskovits와 크레이그 벤넬Craig Bennell의 연구에 따르면, 보통 사람보다 걸음걸이가 길거나 짧은 사람들, 체중을 좌우로 옮기면서 걷는 사람들, 신체 일부만 활용하거나 한 번에 한쪽만 움직이는 사람들 그리고 남들보다 발을 약간 높이 들어 올리는 사람들은 괴롭힘이나 폭행의 피해자가 될 가능성이 더 컸다.[9] 블라스코비츠와 벤넬은 괴롭힘에 가담하는 사람들은 남들의 걸음걸이에서 이러한 취약성 단서를 곧잘 간파한다는 점도 지적했다.

다행히 걸음걸이와 자세는 고칠 수 있다. 예를 들어 아이는 피해자가 되지 않기 위해 더 크고 당당한 자세로 일어서는 법을 배울 수 있다. 만약 당신이 도시 출신이 아니라면, 대도시를 처음 방문했을 때 범죄 표적이 되지 않도록 빠르게 걷고 눈을 내리깔아 시선을 마주치지 않아야 한다는 식의 조언을 들었던 기억이 있을 것이다. 내 친구는 10대 딸이 여름 방학 동안 인턴으로 뉴욕에 가기 전 이러한 조언을 했다. 친구의 딸은 조언을 잘 따랐고 뉴욕에 체류하는 내내 안전하게 지냈다. 이는 아이들에게 몸짓언어를 유리하게 활용하도록 가르치는 여러 방법 가운데 하나다.

이 특정한 비언어 경로에 통달하면 사회적으로나 학업적으로 크게 도움이 되는데도, 부모와 교육자와 양육자는 흔히 신체를 활용해서 소통하는 방식에 별로 주의를 기울이지 않는다. 대체로 직장에서 '파워 포즈'가 중요하다는 사실은 어느 정도 인식하지만, 가정과 교실에서는 그렇지 않다. 내 어머니와 내 사례처럼 부모가 몸짓언어를 많이 쓰면 아이들도 더 활발하게 이를 활용하는 경향이 있는데도, 대다수 부모는 아이들에게 이에 대한 지침을 별로 주지 않는다.

이 비언어 경로를 제대로 인식하면 큰 도움이 될 수 있다. 시트콤 〈사인펠드〉에서 내 요점을 잘 보여주는 에피소드가 있다. '윙크Wink'라는 제목의 이 에피소드는 제리와 일레인과 조지가 레스토랑에서 아침을 먹는 장면으로 시작된다. 제리가 자몽을 파먹다 조지의 눈에 즙이 튀었다. 그 바람에 조지는 눈이 따가워서 자꾸 그쪽 눈을 찡긋하게 된다. 아침 식사 후, 조지는 직장에 출근해서 이따금 자기도 모르게 한쪽 눈을 깜빡거린다. 그날 아침 늦게 조지가 책상에 앉아 있을 때, 사장이 다가와서 새로운 관리자와 어떻게 지내느냐고 묻는다. 조지는 다 괜찮다고 사장을 안심시킨다. 그리고 그 관리자와 일하는 게 즐겁다고 덧붙이면서 눈을 찡긋한다. 앞서 일어난 자몽 사건을 전혀 모르는 사장은 이 반사적 눈짓을 '실상은 말과 정반대'라는 의미인 윙크로 해석한다. 그래서 조지에게 그와 무슨 문제가 있느냐고 묻는다. 그에 대한 답으로 조지는 "그는 일을 대단히 잘한다"라고 말한다. 그러면서 다시 눈을 찡긋한다! 그러자 사장은 "알겠네!"라고 말한다. 의도치 않은 눈 깜빡임은 조지가 하는 말을 부정하고 의미도 완전히 왜곡한다. 에피소드 내내 이런 일이 여러 번 일어난다. 하루가 끝날 무렵, 조지와 소통했던 사람들이 죄다 화를 내지만, 조지는 도무지 영문을 모른다.

조지와 마찬가지로, 몸짓언어를 제대로 읽거나 표현할 줄 모르는 아이들도 누가 실수를 지적해주지 않으면 사람들이 멀어지는 이유를 깨닫지 못할 것이다. 불안해서 자꾸 손을 만지작거리는 아이를 상상해보자. 그 아이는 친구들이 자신의 손놀림을 분노로 해석한다는 사실을 전혀 깨닫지 못한다. 어른이 개입해서 실수를 바로잡아주지 않으면, 아이는 사회적으로 힘들어질 수 있다.

여느 비언어 경로와 마찬가지로 문화적 차이가 어떤 역할을 하는지도 인식해야 한다. 몸짓에 관해 세계적으로 인정받는 전문가인 데즈먼드 모리스Desmond Morris가 지적하듯이, 많은 몸짓이 문화에 따라 다른 의미를 지니므로 우리는 다른 문화권에서 몸짓을 사용할 때 특히 조심해야 한다. 미국 문화에선 긍정적 몸짓으로 통하는 'OK' 사인, '엄지 척', 승리나 평화를 뜻하는 V 사인이 다른 문화에선 외설적 몸짓으로 여겨질 수 있다.[10] 로저 액스텔Roger Axtell은 《장려 사항, 금기 사항Essential Do's and Taboos》이라는 책에서, 몸짓이 전 세계적으로 동일한 의미를 지닌다고 가정하는 바람에 저지르게 되는 실수를 폭넓게 다뤘다. 특히 당혹스러운 사례로 조지 W. 부시 대통령이 2005년 취임식 퍼레이드에서 텍사스대학교의 행군 악단에 경례하기 위해 손을 들어 올린 일이 유명하다. 부시 대통령이 주먹을 쥐고서 집게손가락과 새끼손가락만 폈던 게 문제였다. 이 사진이 전 세계에 공개됐을 때, 그는 자신이 무심코 여러 사람을 불쾌하게 했다는 사실을 알게 되었다. 이탈리아에선 그 손짓이 '아내가 바람을 피운다'라는 의미였고, 노르웨이에선 사탄에게 경례하는 것으로 통했으며, 아프리카 일부 지

역에선 저주를 내린다는 뜻이었다. 이 교훈적 이야기는 비언어의 문화적 복잡성을 다시금 상기해준다.[11]

장신구

장신구는 우리가 어떤 사람인지 드러내기 위해 몸에 착용하는 옷과 액세서리, 향수, 기타 물건을 가리킨다. 몸짓은 아니지만 여러 면에서 우리 몸의 연장선이자, 우리가 느끼는 방식과 외부 세계에 관한 관심을 비언어로 표현하는 또 다른 방식이다. 성인이 되면 우리는 자신을 드러낼 수단으로, 또 주어진 상황이나 환경에서 용인되는 사회 규범에 따라 몸에 무엇을 착용할지 결정한다. 사람들은 대부분 근무할 때 입는 옷이 결혼식이나 축제 같은 공식 행사에는 적합하지 않으며, 출근 복장이 체육관에 갈 때의 복장과 매우 다르다는 사실을 알고 있다. 이와 마찬가지로, 우리는 사람들이 용인할 만한 방식으로 자신을 드러내고자 말끔하게 샤워를 하고 깨끗한 옷을 입는다. 어른들은 아이들에게 이런 규범을 본보기로 보여주고, 아이들이 적절한 선택을 하도록 돕는 동시에 그들의 자기표현 욕구를 존중하고자 노력해야 한다.

다들 겉모습에 주의를 기울이면서도, 아이들에게 "진정으로 중요한 것은 내면이다"라고 말하는 부모가 많다. 이런 발언은 좋은 의미를 담고 있지만, 어른과 마찬가지로 또래에게 받아들여지기 위해 지켜야 하는 불문율과 규범이 있는 대다수 학령기 아동의 현실을 무시한 것이다. 오늘날 공식적인 복장 규정은 내 어린 시절보다 더 유연해지긴 했지만 비공식적인 복장 규정은 여전히 존재한다. 예나 지금이나 이런 규정을 위반하면 소외되기 마련이다.

어린아이들은 특정한 옷이 자신과 또래에 관해 드러내는 내용에 대단히 민감하다. 따라서 부모는 아이들의 삶에서 옷이 어떤 역할을 하는지 반드시 이해해야 한다. 일찍이 유치원 때부터 옷은 정서적 유대감을 형성하고 특정 집단에 속한다는 신호를 보내는 방법이다. 그런데 상황이 끊임없이 바뀌기 때문에 이는 상당히 복잡할 수 있다. 초등학교 1학년 때 특정 의미가 있었던 '룩look' 혹은 스타일이 2학년 때엔 전혀 다른 의미를 나타낼 수 있다. 게다가 아이들은 끊임없이 새로운 친구 집단에 들어갔다 나오면서 새로운 정체성을 형성하고 그에 어울리는 옷을 입으려고 한다. 부모는 이러한 탐색을 건전한 성장 과정으로 이해해야 한다.

아울러 '잘못된' 셔츠나 모자, 배지, 헤어스타일이 아이들 사이에서 관계를 맺으려는 시도를 방해할 수 있다는 사실도 이해해야 한다. 부모는 이 티셔츠나 저 티셔츠나 별 차이가 없다고 느낄 수 있지만, 아이들은 어른들이 이해하거나 주목하지 못하는 미묘한 메시지를 읽는다.

일례로 내가 예전에 상담했던 초등학교 3학년생 마테오는 친구를 사귀는 데 어려움을 겪고 있었다. 어느 날 마테오가 울면서 집으로 와 꽃과 곰 인형과 풍선이 그려진 티셔츠 때문에 아이들한테 놀림을 받는다고 호소했다. 부모는 이런 티셔츠가 아주 귀엽고 무난하다고 생각했지만, 반 아이들 눈에는 유치해 보였던 것이다. 마테오의 불만을 듣고서 "중요한 건 옷이 아니라 내면이란다"라는 식으로 접근할 수도 있었지만, 부모는 친구들과 어울리고 싶어 하는 마테오의 마음을 이해했다. 그래서 마테오에게 마음에 드는 티셔츠를 고르게 했고, 그 뒤로 마테오는 학교에서 즐겁게 지냈다.

부모는 아이가 어떤 옷을 입든 가치 있고 사랑받는다는 사실을 알려줘야 한다. 또한 아이가 의도적으로 선택할 수 있게 필요한 도구도 제공해줘야 한다. 그래야 아이는 나이에 맞는 이미지를 투영하는 방법뿐만 아니라, 자신이 누구인지, 또래 집단에서 자신이 어떻게 보이길 원하는지 그 의도된 메시지를 전하는 방법을 이해할 수 있다. 어떤 아이들은 자신의 개성에 따라 또래와 아주 다른 옷을 입어도 괜찮을 수 있다. 그게 아이의 의도라면 그렇게 해도 무방하다. 하지만 친구들과 어울려 놀고 싶은데 그러지 못한다면, 또래에게 받아들여지고 싶은 아이의 욕구에 민감해질 필요가 있다.

장신구에 관한 한 아이를 안내하고 지원할 방법은 많다. 하지만 당신이 어렸을 때 입었던 방식과는 매우 다를 테니, 아이의 세계와 그 세계 아이들의 옷 입는 방식을 배우는 데 시간을 투자해야 한다. 그런 다음 특정한 종류의 옷, 머리장식, 화려한 고무 밴드, 유행하는 장신구 등 아이가 그 세계에 어우러져 잘 지낼 만한 항목을 찾아야 한다.

아이들이 10대 초반에 접어들면 이런 것들이 훨씬 더 중요해질 것이다. 하지만 그 이전인 초등학교 초기에도 옷과 장신구를 통해 사회적 정보가 어떻게 전달되는지 이해할 수 있다. 이런 사항을 일찍 이해하면 청소년기와 그 이후에 자신을 진정성 있게 드러내고 친구를 사귀고 또래와 어울리는 데 필요한 비언어기술의 강력한 토대를 갖추는 셈이다.

유아기와 유년기 초기의 보디랭귀지

보디랭귀지가 아이 발달에 핵심 역할을 한다는 연구 결과가 있다. 생후 첫 몇 달 동안 유아는 팔다리를 어른처럼 제어하지 못한다. 기쁘거나 짜증날 때 팔다리를 마구 휘저을 순 있지만, 그런 몸부림으로 큰 의미를 전하지는 못한다. 하지만

9개월 무렵이 되면 손으로 무언가를 가리키는 등 자신의 움직임을 꽤 제어할 수 있다. 그리고 첫 돌 무렵에는 팔 흔들기, 고개 젓기, (까꿍 놀이를 위해) 손으로 눈 가리기, 찌르기, 움켜잡기, 잡아당기기, 원하는 대상에 손 뻗기, 당신에게 뭔가 보여주거나 주기, 손뼉치기 등 여러 몸짓을 추가로 배운다. 이 시기에 이러한 몸짓은 모두 비슷한 의미를 담고 있다. 바로 양육자의 관심을 요구하는 것이다.

의사소통을 위한 이러한 초기 시도는 유아의 구두언어와 사회적 언어 발달의 발판이 되며, 일종의 제1언어 first language로 작용한다. 실제로 몸짓언어는 언어 습득과 가장 밀접하게 관련된 비언어 경로다. 몸짓을 처리하는 데 사용되는 뇌 영역이 단어를 습득할 때 사용될 뇌 영역과 동일하기 때문이다. 아기는 "싫어!"라는 말을 하기 몇 달 전에는 같은 메시지를 전하기 위해 머리를 좌우로 세차게 흔들 것이다. "싫어!"라는 뜻의 몸짓을 배우고 나면, 아기는 "시더!"라고 내뱉은 다음 입을 굳게 다물고 고개를 좌우로 흔들면서 이유식을 먹지 않겠다는 의사를 드러낸다. 그러다 보면 얼굴과 옷에 이유식이 잔뜩 묻는다. 이럴 땐 아이에게 화부터 내지 말고 이 연령대의 몸짓 능력이 2년 뒤의 언어 능력으로 이어지고, 언어 능력은 추후의 학업 성적으로 이어진다는 사실을 떠올리자.

여느 초보 부모들과 마찬가지로, 당신도 아이가 이렇게

어린 나이에 이토록 효과적으로 소통할 수 있다는 사실에 놀랄 것이다. 양육자는 대개 아이가 팔을 흔들거나 손 키스를 날리면 기뻐하는데, 이는 그저 단순히 귀여운 몸짓이 아니다. 사람들과 만나고 헤어질 때 인사를 건넴으로써, 사회적 상호작용에 필요한 주고받기 활동을 시작한 것이다. 아이는 유년기 내내 관심을 얻고 사회적 유대감을 형성하기 위해 몸짓을 활용할 것이다. 나는 어린 손자가 첫걸음을 뗄 때 균형 유지를 도와달라는 뜻으로 나한테 두 팔을 쭉 뻗었던 기억을 소중히 간직하고 있다. 이는 넘어지지 않으려는 단순한 몸짓처럼 보이지만, 신체적 지지뿐만 아니라 내가 붙잡아줄 거라는 감정적 기대를 확인하는 방식이므로, 이 또한 중요한 사회적 상호작용이다. 아이는 이러한 몸짓으로 접촉을 통한 안락함을 얻게 되는 만큼 생애 첫 2년 동안 이를 빈번하게 사용한다.

16개월이 되면, 아이들은 이전의 몸짓을 가다듬고 고개를 끄덕이고, 하이파이브 같은 문화적으로 특정된 몸짓도 레퍼토리에 추가한다. 16개월은 발달 단계에서 중요한 이정표다. 연구 결과에 따르면 이 시점에 최소 열여섯 가지 몸짓을 배워야 한다.

이 시기엔 자세도 중요한 역할을 한다.[12] 세계적으로 널리 인정받는 발달심리학자 마이클 토마셀로Michael Tomasello가 밝혔듯이, 자세와 행동은 일찍이 두 살 때부터 연결된다. 토마셀로와 동료들은 아이의 행동 만족도를 측정하는 기본적 방법으로 자세를 활용했다. 예를 들어 그들은 두 살 난 아이들이 목표를 달성하거나 다른 사람이 비슷한 목표를 이루도록 도와줬을 때, 아무 보상이 없더라도 어깨를 의기양양하게 펴고 '고양된' 자세elevated posture를 취한다는 사실을 발견했다. 다시 말해, 아이들은 걸음마를 떼고 나면 몸짓언어로 감정을, 이 경우엔 자부심을 표현하기 시작한다.[13]

어린아이들의 몸짓 이정표

12개월 무렵
- **팔 흔들기**: 처음엔 아기가 팔을 의도적으로 흔드는지, 아니면 무작정 휘젓는지 알 수 없다. 하지만 점차 만나거나 헤어질 때 하는 인사로서 흔드는 행동이 명확하게 드러난다.
- **고개 젓기**: 거부를 뜻하는 이 보편적 몸짓은 '좋다'라는 뜻으로 고개를 끄덕이기 전에 나타난다. 대다수 아이에게 이는 자기 삶을 스스로 통제한다고 느끼게 해주는 첫 번째 몸짓이다.
- **손으로 눈 가리기**: 까꿍 놀이에 필요한 이 몸짓은 대상 영속성object permanence이라는 또 다른 발달 이정표와 관련된다. 대상 영속성은 눈으로 볼 수 없더라도 사람이나 사물이 사라지지 않았다는 사실을 이해하는 능력이다.

- **당신을 붙잡거나 잡아당기기**: 이는 당신의 관심을 끌기 위한 유아의 방법이다.
- **뻗기**: 이 몸짓은 (대개 손을 앞뒤로 흔들어) 무언가를 달라고 하거나, 안아달라고 하거나, 원하는 사람이나 사물의 방향으로 옮겨달라고 요청하는 방법이 될 수 있다.
- **보여주기와 주기**: 유아는 장난감이나 다른 물건을 당신에게 가져다주면서 상호작용을 시도할 수 있다. 이는 놀아달라고 하거나 도움을 요청하는 몸짓일 수 있다. 어떤 경우든 '보여주기와 주기'는 아이들이 앞으로 배우게 될 더 복잡한 사회적 상호작용의 전조이다.
- **가리키기**: 유아기의 온갖 몸짓 가운데 아마도 가장 중요한 몸짓으로, 유아가 '공동 관심'이라고 불리는 인간 고유의 상호작용에 참여하는 방식이다. 가리키기는 언어 발달에 중요한 요소가 될 수도 있다. 예를 들어 유아가 어떤 사물을 가리키고 나서 양육자와 시선을 맞추면, 양육자는 유아가 가리킨 대상에 해당하는 단어를 말한다. 만약 양육자가 어떤 사람이나 사물을 가리키면서 유아의 관심을 돌리려고 하는데 유아가 계속 느리게 반응하거나 아예 반응하지 않는다면, (반드시 그렇지는 않더라도) 이는 자폐증과 관련된 발달 지연의 초기 징후일 수 있다.
- **손뼉치기**: 이 몸짓은 빠르면 6개월, 늦어도 9개월 정도에 나타날 수 있다. 전반적인 즐거움을 나타내거나 호의를 받아들이거나 주고받기를 요청하는 몸짓으로 활용된다.
- **손 키스 날리기**: 가장 사랑스러운 몸짓 중 하나로, 사람들과 함

께 있을 때 관심을 끌고 관계를 맺고 애정을 표현하는 것이다.
- **입술에 집게손가락 얹기**: 보편적인 '쉿' 동작은 조용히 해야 한다는 뜻을 나타내는데, 이 몸짓의 출현 여부와 시기는 유아의 삶에서 어른들이 사용하는지, 한다면 얼마나 자주 사용하는지에 달려 있다.

16개월 무렵(일반적 욕구를 반영하기보단 특정 의미를 담고 있다는 점에 주목하라.)
- **고개 끄덕이기**: 16개월이 되면 아이는 몸짓으로 '좋다'와 '싫다'를 모두 표현할 수 있어야 한다.
- **코앞에서 손 흔들기**: 16개월이 되면 아이는 '고약한 냄새가 난다'라는 뜻으로 이 동작을 할 수 있어야 한다.
- **손바닥을 밖으로 향해 뻗는 동작**: 16개월이 되면 아이는 '멈춰' 또는 '기다려'라는 의미로 이 동작을 할 수 있어야 한다.
- **그밖의 상징적인 몸짓**: 16개월이 되면 아이는 엄지손가락을 치켜세우거나 '잘 모르겠다'라는 뜻으로 어깨를 으쓱하는 등의 몸짓을 할 수 있어야 한다.

유년기 초기에 보디랭귀지를 배우도록 도와주는 팁

① **몸짓을 활용해 아이와 놀아주고 소통하라**

대대로 부모는 아이들과 까꿍이나 짝짜꿍 같은 간단한 놀이를 해왔다. 이는 단순히 재미로만 하는 게 아니다. 생후 18개월이 되면 아이들은 주변 사람들의 몸짓을 관찰하면서 자신의 욕구와 기호를 표현하기 위한 몸짓과 신호를 배운다. 유년기 초기 단계에서 이러한 놀이는 시간이 지날수록 점점 더 복잡해지는 어휘를 배우는 기회가 된다. 당신은 아이의 손을 잡고서 함께 손뼉을 치거나 손을 흔들거나 손 키스를 날리는 동작을 할 수 있다. 그런 다음 단독으로 이러한 동작을 선보이면서 어떻게 하는지 알려준다. 반복이 중요하다. 몸짓은 한 번의 시도가 아닌 몇 주에 걸친 반복으로 습득된다.

② **일찌감치 차례 기다리기를 알려줘라**

아이가 신나게 손 흔드는 동작을 하면, 그에 대한 반응으로 당신도 신나게 손을 흔들 수 있다. 아이의 동작을 따라 한 뒤, 아이가 다른 동작을 할 때까지 기다렸다가 그 동작을 또 따라 한다. 몸짓으로 번갈아 소통함으로써 아이는 원활한 사회적 상호작용의 핵심인 주고받기를 배울 수 있다.

③ 사물을 가리키면서 격려하는 목소리와 미소로 단어를 알려줘라

먼저 컵 같은 물건을 가리킨 다음, 웃으면서 밝은 목소리로 "컵!"이라고 말한다. 이 과정을 자주 반복한다. 다시 말하지만, 구두언어든 비언어든 익히려면 시간을 들여 반복해야 한다.

④ 아이가 몸짓을 배우는 데 도움이 될 만한
　TV프로그램을 신중하게 골라라

미국 소아과학회American Academy of Pediatrics는 생후 18개월 미만의 아기들에게 영상 통화를 제외한 스크린 사용을 금지하고, 18개월이 지나면 양육자의 관리하에 스크린 사용 시간을 제한하라고 권한다. 하지만 18개월이 지나면 아이들이 몸짓을 더 잘 이해하도록 돕는 TV프로그램을 찾아볼 수 있다. 영화 〈월-E WALL-E〉의 귀여운 로봇 월-E와 〈아이스 에이지Ice Age〉의 귀여운 다람쥐 스크랫Scrat은 좋은 사례가 된다. 이들은 감정을 표현하는 데 언어가 필요하지 않다.

⑤ 아이가 몸짓으로 놀이를 주도하게 하라

아이와 소통할 때는 먼저 나서지 말고, 아이가 가리키거나 보여주거나 손을 뻗어서 무엇을 하고 싶은지 알리는 몸짓을 할 때까지 기다린다. 어른들은 흔히 아이의 놀이를 주도

하고 싶어 하는데, 아이가 주도하게 두면 스스로 선택할 뿐만 아니라 그 선택을 부모에게 알릴 수도 있다.

⑥ 아이의 참여를 유도하고자 과장된 몸짓을 과감히 사용하라

행사장에서 마스코트가 손을 흔들고 이리저리 가리키고 귀엽게 춤추면서 아이들을 즐겁게 해주는 모습을 떠올려보라. 그렇게 하면 말 한 마디 안 하고도 아이와 교감하고 아이의 관심을 유지할 수 있다.

⑦ 앞서 소개한 '뮤직 투게더' 수업이나 댄스 수업, 무술 수업 등 움직임과 몸짓이 필요한 활동에 아이를 참여시켜라

이러한 수업에 참여하면 아이는 신체를 이용해서 비언어적으로 자신을 표현하는 데 유용한 신체 기능과 협응 능력을 기를 수 있다.

유년기 후기의 보디랭귀지

나는 학교 강당에서 1학년생 두 명과 상담하다 들었던 이야기를 결코 잊지 못한다. 아이들은 무대에서 무언극 공연자들이 연기하는 동작을 이해하려 애썼다. 내 눈엔 그게 아침에 등교 준비를 하는 아이들의 몸짓이었지만, 어린 두 친구에겐 그렇게 보이지 않는 듯했다. 첫 번째 아이가 이렇게 말했다. "진짜 웃기다. 소젖을 짜느라 저렇게 애쓰고 있잖아!" 그러자 두 번째 아이가 큰 소리로 반박했다. "아니야! 달에 로켓을 쏘아 올리려고 하는 거잖아!" 그 소리를 들으면서 아이들은 맥락이 없으면 몸짓과 의미를 파악하기 어렵다는 사실을 새삼 깨달았다.

유년기 후반에 아이들은 다양한 몸짓 기술에 접근할 수 있어야 한다. 이 단계에서 아이들은 부모와 별도로 또래 친구들과 관계를 맺으려고 시도할 것이다. 그러려면 차례 지키기 단서를 비롯해 손과 자세로 전달되는 비언어적 메시지를 파악할 줄 알아야 한다. 아이가 다른 아이를 향해 걸어가는데 '멈춰'라는 몸짓의 의미를 몰라서 상대가 손바닥을 내뻗는데도 계속 개인적 공간을 침범한다면, 관계를 시작할 때 어떤 부정적 영향이 미칠지 생각해보라.

아이들이 집에서 무엇을 배웠는지에 따라 학교는 약점을 강점으로 바꿔줄 수 있다. 하지만 이 영역에서 어려움을 겪는 아이들은 흔히 자신의 몸짓이 문제의 원인이라는 사실을 모른다. 주변 어른들도 마찬가지다. 여덟 살 난 샬럿의 경우가 딱 그랬다. 샬럿은 또래 친구들과 매우 다르다며 나한테 평가 의뢰가 들어온 아이였다. 교실에서 샬럿을 관찰하는데, 행동에 문제가 있다는 사실을 전혀 알아차릴 수 없었다. 샬럿은 선생님에게 주의를 기울이고 과제도 열심히 했다. 선생님도 샬럿이 영어를 비롯한 모든 과목에서 잘하고 있으며 매사에 예의 바르게 행동한다고 말했다. 하지만 쉬는 시간에 놀이터에서 노는 모습을 관찰하러 갔을 때 나는 전혀 다른 샬럿을 보았다.

이 시기 아이들이 놀이터에서 보이는 몸짓언어는 성별에 따라 구분되는 경향이 있다. 남자아이들은 보통 셋 이상 뭉쳐 다니고 나란히 서서 이야기를 나눈다. 이와 달리 여자아이들은 둘씩 짝을 지어 다니고 가깝긴 하지만 적당한 거리를 유지한다. 또 서로 마주 보고 이야기를 나누며 대화 중에 손을 많이 활용한다. 그런데 샬럿은 친구들과 떨어진 곳에서 팔짱을 끼고 서 있었다. 자세만 보면 아이가 아니라 나이 든 여성 같았다. 특히 팔짱을 풀고 다른 아이들을 가리킬 때는 어른이 아이를 꾸짖는 것처럼 보였다. 말할 필요도 없이, 샬럿의 몸짓언어는 또래 친구들의 반감을 샀다. 다들 등을 돌리고 고개를 저으며 샬럿과 거리를 유지했다. 샬럿과 전혀 교감하지 못한다는 비언어적 신호였다.

샬럿은 매우 불쾌한 '평소 자세 resting posture'를 취하고 있었다. '평소 표정'과 비슷하게 평소 자세도 우리가 가만히 있을 때 무의식적으로 취하는 자세를 말한다. 또한 평소 표정과 마찬가지로, 실제론 그렇게 느끼지 않더라도 평소 자세를 통해 부정적 감정을 전달할 수 있다. 고개를 숙이고 구부정한 자세로 돌아다니는 또래 친구를 보면, 아이들은 무관심하거나 쌀쌀맞거나 거만하다고 생각할 가능성이 크다. 반면에 교사들은 그런 아이를 보면 불만에 가득 차 있거나 기분이 언짢은가 보다고 생각할 수 있다. 실제론 그렇지 않은데도 자세 때문에 그런 인상을 받는 것이다.

샬럿의 문제 원인을 부모와 교사들에게 설명하자, 그들은 시간을 내서 샬럿과 이야기를 나누며 그 몸짓이 친구들에게 어떻게 비치는지 알려주었다. 그 과정에서 어른들은 샬럿이 교사인 이모를 제일 좋아하고 그 이모와 학교 놀이를 즐겨한다는 사실을 알게 되었다. 이모를 흉내 내다 보니, 어른스럽고 때로는 엄해 보이는 자세를 취했던 것이다. 이 사실을 전해 듣고 나는 샬럿의 이모에게 연락해, 교사는 아이들과 떨어져서 이래라저래라 지시할 수 있지만 어린아이들은 서로 어울려 놀아야 한다는 점을 샬럿에게 설명해주라고 부탁했다. 얼마 안 가서 샬럿은 적절한 몸짓언어를 사용하게 되었고, 아이들과도 잘 어울릴 수 있었다.

잘못을 바로잡아주지 않으면, 평소에 부정적 자세를 취하는 아이들은 성인이 돼서도 이런 실수를 저지를 수 있다. 나는 한 대기업 관리자의 요청으로 어떤 젊은이를 만났다. 문제의 직원은 총명하고 예의 바르고 유쾌하고 의욕이 넘치는 사람이었다. 하지만 평소 자세가 영 아니었다. 기울어진 의자에 삐딱하게 기대앉아 다리를 쫙 벌리고 있었다. 때로는 한쪽 다리를 다른 의자에 걸치기도 했다. 동료들 눈에 시건방져 보이는 데다 직장인답지 않은 행동이었다. 어린아이들에게 몸짓과 자세의 중요성을 가르치면 나중에 이런 사회적, 직업적 문제를 예방하는 데 도움이 될 것이다.

유년기 후기에 보디랭귀지를 배우도록 도와주는 팁

① 시간을 내서 아이와 기본 몸짓을 검토하라

네 살쯤 되면 아이는 몸짓이 무엇이고, 소통을 시작할 때 몸짓을 어떻게 활용해야 하는지 이해할 수 있어야 한다. 아이와 함께 '쉿' 사인, '멈춤' 사인, 엄지 척, 하이파이브 등 보편적 몸짓을 검토해본다. 아이가 기본 몸짓이 무엇을 의미하는지 제대로 이해하게 해야 한다. 어디선가 보고 배웠을 것으로 생각하기 쉽지만, 몸짓을 배울 일이 드물기 때문에 잘 모를 수 있다. 아이들은 특히 손으로 메시지를 강하게 전달할 수 있다는 사실을 잘 모른다. 이를 설명하기 위해, (손바닥을 살짝 아래로 내려서) 부드럽게 전달하는 '멈춤' 동작과 (손바닥을 수직으로 내뻗어서) 좀 더 '단호한 멈춤' 동작의 차이를 선보이고 각 동작을 함께 연습한다.

② 쇼핑몰이나 경기장 등 말소리가 들리지 않을 만큼 시끄러운 장소로 아이를 데려가 사람들이 어떻게 소통하는지 관찰하게 하라

아이에게 주변에 보이는 몸짓을 골라 자신이 아는 것과 모르는 것을 구분해보라고 한다. "두 사람이 무슨 이야기를 하고 있다고 생각하니?"라고 물어보며 몸짓을 바탕으로 사람들 사이에 무슨 일이 벌어지는지 추측하게 하자. 또는 멀리서 누군가의 몸짓언어를 관찰하면서 그 사람을 어떻게 생각하는지 물어볼 수도 있다. 아이에게 누가 친절해 보이는지, 누구를 만나고 싶은지, 그 이유는 무엇인지 물어본다. 이를 놀이로 전환하여 아이더러 상상의 나래를 펼쳐서 낯선 사람에 관한 이야기를 지어내게 할 수도 있다.

③ 아이에게 자신감 넘치는 자세를 연습시켜라

아이에게 똑바로 서는 법과 이때의 적절한 손동작을 알려준다. 평소에 아이가 주머니에 손을 넣고 서 있는지, 불안하게 손을 꼼지락거리는지, 몸을 자꾸 흔드는지 관찰한다. 그런 다음 선생님이나 학급 친구들처럼 서보라고 하고, 각각의 자세를 구별하고 흉내 낼 수 있는지 확인한다.

④ 아이와 다양한 자세를 연습하고 각 자세를 취할 때 어떤 기분이 드는지 물어보라

아이가 행복, 슬픔, 분노, 두려움 등 네 가지 기본 감정을 몸짓으로 전달할 수 있는지 살펴보자. 각기 다른 자세를 취할 때 속으로 어떤 기분이 드는지 물어본다. 웅크린 자세를 취한 다음, 슬퍼서 이렇게 앉아 있을 수도 있지만 이렇게 앉아 있으면 슬퍼질 수도 있다고 설명해준다. 반대로 행복하고 자신감 넘치는 자세를 취하면 더 행복해지고 자신감이 붙을 수 있다고 설명해준다.

⑤ 자꾸 꼼지락거려도 이해하고 용인하라

아이가 나이를 먹을수록, 집중이 필요한 상황에선 가만있으라고 자꾸만 말하게 될 것이다. 하지만 연구 결과에 따르면, 경직된 자세는 더 큰 '인지 부하$^{cognitive\ load}$'를 일으켜 결과적으로 학습 부진을 야기할 수 있다. 따라서 아이들은 꼼지락거리거나 몸을 뒤척이면서 기분을 풀 수 있어야 한다. 요즘 여러 학교에서는 아이들이 의자에 앉아 꼼지락거려도 뭐라 하지 않는다. 또 교실을 개조하여 서서 수업을 들을 수 있게 하거나 더 활발하게 움직일 공간을 별도로 조성한다. 손을 꼼지락거리면서 갖고 노는 피젯 토이fidget toy가 교실에서 허용되는 이유는 아이가 수업에 집중하면서도 움직이고 싶은 욕구를 채워줘서다.

⑥ TV를 볼 때 소리를 끄고 아이가 몸짓만 보고 어떤 기분인지 추측할 수 있는지 살펴보라

아이가 사람들의 얼굴을 볼 수 있으므로 표정과 몸짓을 연결짓게 한다. 몸짓이 표정으로 전달되는 내용과 항상 일치하는지 함께 관찰한다.

⑦ 아이와 스포츠 경기를 관람하라

스포츠 관람은 몸짓언어를 가르치기에 아주 좋다. 선수들이 축구장이나 야구장처럼 넓은 공간에서 비언어로 끊임없이 소통하기 때문이다. 예를 들어 미식축구에서는 퍼스트다운(공에 대한 권리를 얻기 위한 첫 번째 공격)을 알리는 수신호부터 수비수가 멋진 플레이를 펼친 후 주먹을 높이 치켜들거나 실수를 저지른 후 이마에 대고 손을 꽉 쥐는 등 다양한 몸짓이 사용된다. 〈소 유 씽크 유 캔 댄스So You Think You Can Dance〉나 〈댄싱 위드 더 스타스Dancing with the Stars〉 같은 TV프로그램도 몸짓언어를 배우는 데 좋다. 공연자와 운동선수가 몸으로 소통하는 방식에 대해 아이와 이야기해보자.

⑧ 아이와 '몸으로 말해요' 놀이를 하라

이 놀이는 몸짓 활용법을 가르치고자 고안된 것처럼 보인다. 기본 방식으로 할 수도 있고, 마스크를 써서 더 어려운 방식으로 할 수도 있다. 마스크를 쓰면 표정에 접근할 수 없어서, 참가자들은 자세, 몸짓 등 보디랭귀지 단서에만 의존해야 한다.

⑨ 아이 나이에 맞는 연극 공연을 보여줘라

배우들은 관객에게 감정을 전달하고자 과장된 몸짓언어를 활용하므로, 공연 관람은 아이들이 다양한 몸짓의 의미를 배울 멋진 방법이다. 관람 후에는 배우가 자기 캐릭터를 묘사하기 위해 몸을 어떻게 활용했는지 이야기해본다. 배우들이 마지막에 "감사합니다"라고 말하면서 고개를 깊숙이 숙이는 모습을 보았는지, 관객이 손뼉을 치거나 기립 박수를 보내면서 어떻게 환호했는지 아이에게 물어보자.

⑩ 연극, 즉흥 연기, 무언극 수업을 듣게 하라

이러한 수업은 보디랭귀지로 소통하는 방법을 알려줄 것이다.

⑪ 적절한 자기표현 방식의 모범을 보여라

장신구도 비언어적 의사소통의 한 형태라는 사실을 기억한다. 상황에 맞는 적절한 옷차림에 대해 아이와 이야기하고, 당신이 먼저 상황에 맞게 차려입는 모범을 보인다. 아울러 기본적인 위생과 단정한 차림새의 중요성을 아이가 이해하도록 하자.

전문가의 도움이 필요한 때

대부분 자신의 잘못된 몸짓과 자세를 인식하면 곧잘 수정하지만, 적응하고 교정하는 데 오래 걸리는 아이도 있다. 동작과 춤에 초점을 맞춘 전문가에게 아이를 맡기면 장기적 교정에 큰 도움이 될 것이다. 공인된 무용/동작 치료사들은 아이들이 따라 할 체계적인 프로그램을 제공한다. 아울러 아이들이 다른 사람의 동작을 읽고 자신의 몸짓을 표현하는 과정에서 무엇을 놓치고 있는지 더 잘 파악하도록 도와줄 수 있다. 연기 수업은 아이들이 몸짓과 자세의 힘을 통해 감정을 전달하는 데 도움을 줄 수 있다. 이는 일대일 소통뿐만 아니라 청중과 하는 소통에서도 유용하다. 요즘엔 아이들에게 요가 수업을 제공하는 곳이 많은데, 요가 수업은 자신의 몸이 공간에서 어떻게 움직이는지 더 잘 인식하도록 돕는다. 미취학 아동을 위한 '뮤직 투게더' 프로그램과 초등학생을 위한 '리듬 키즈' 프로그램도 도움이 될 수 있다. 주거니 받거니 하는 의사소통 과정에서 리듬과 몸짓의 역할이 비슷한 경우가 많기 때문이다. 또한 손뼉치기와 가리키기 같은 손동작은 음악 수업에서 중요한 역할을 한다.

RAISING A
SOCIALLY
SUCCESSFUL
CHILD

결론

아이가 "친구를 사귀었어"라고 말하는 것만큼 부모를 기쁘게 하는 일도 없다. 당신은 흐뭇하고 자랑스러운 마음이 들 것이다. 그뿐만이 아니다. 아이가 사람들에게 호감을 산다는 사실을 알게 되면, 당신이 친구들과 놀면서 느꼈던 어린 시절의 행복이 떠오를 것이다. 어쩌면 혼자 놀이에서 배제되어 고통스러웠던 기억이 떠오를 수도 있다.

아이가 사회적으로 힘들어할 때 부모로서 슬픔이나 무력감을 느끼는 것은 당연하다. 아이가 불행해지길 바라는 부모는 없다. 아이가 고통스러워하는 모습을 보면 스스로를 탓하게도 된다.

언제, 어떻게 도움을 줘야 할지 몰라 혼란스러워하는 것도 정상이다. 어른들이 당연하게 여기는 비언어기술을 아이들이 다 익혔을 거라고 기대하긴 어렵다. 당신이 목격한 행동이 걱정스러운 일인지, 단지 나이에 따른 문제인지 매번 알아차리기도 쉽지 않다. 더구나 어떤 아이들은 다른 아이들보다 내성적이라 문제가 더 복잡해진다. 쉬는 시간에 혼자 앉아 있는 아이가 소외감을 느끼는지, 아니면 놀이에 참여하지 않고 혼자서 책을 읽는 것에 완전히 만족하는지는 겉으로 명확히 드러나지 않는다. 하지만 나이, 성격, 개인적 선호도에 상관없이 한 가지는 분명하다. 친구를 사귀고 또래와 어울리는 일이 아이들의 현재와 미래 행복에 대단히 중요하다는 사실이다.

나는 과학자이자 실무자이다. 다시 말해, 내가 직업적으로 권하는 내용은 최대한 과학과 연구를 통해 알려진 사실을 바탕으로 한다. 아울러 나는 다섯 형제 가운데 맏이이고, 여러 해 동안 놀이터에서 뛰놀았으며, 여덟 살 이하 축구팀을 지도하는 특별한 즐거움도 누렸다. 맏형이자 아버지이자 할아버지이다 보니, 과학자들이 주장하는 이론적, 임상적 틀에 아이들을 항상 꿰맞출 수 없다는 사실도 잘 알고 있다. 육아는 확실히 심약한 사람들에겐 버거울 만큼 복잡하고 힘든 일이다. 그래도 부모는 단순하지만 심오한 방식으로 아이의 미래 행복을 구현할 힘이 있다. 그 점은 단언할 수 있다.

얼마 전 젊은 동료와 회의를 마무리 짓다가 마침 그에게 네 살과 여섯 살 난 아이가 있다는 이야기를 들었다. 그래서 그 또래 아이들이 우리가 어렸을 때와는 달라진 이 세상에서 살아가는 데 도움이 될 만한 책을 쓰고 있다고 말해주었다. 그러자 그가 근심 가득한 목소리로 물었다.

"박사님, 제가 아이들을 제대로 키우고 있나요?" 그는 주말마다 아이들을 차로 여기저기 데리고 다니거나 다양한 활동에 참여시키거나 값비싼 탐방 프로그램을 보내는 다른 부모들과 자신을 비교했다. "저는 시간이 나면 그저 아이들과 함께 시간을 보낼 뿐이에요! 그게 잘못된 걸까요? 그냥 함께 있는 것만으론 부족할까요?"

나는 부모가 함께 시간을 보내는 것만으로 아이들이 미래를 대비하는 데 충분하다고 대답했다. 휴대폰을 치워 놓고 아이들과 보드게임을 하거나 공원에 가서 공놀이를 하거나 동네를 산책하는 등 아주 단순한 활동을 할 때, 부모는 관계를 맺는 비언어에 대해 수많은 가르침을 주게 된다. 이는 가장 중요한 가르침 가운데 하나다.

그런데 우리는 아이가 좋은 기회를 '놓칠까 싶어서' 다른 부모들처럼 해야 한다는 압박감을 느끼기 쉽다. 아이를 최고의 보육원과 유아원과 유치원에 보내고, 다양한 방과 후 프로그램과 캠프에 등록시키고, 주말엔 수영과 축구, 미술 수업을 듣게 해야 한다고 생각하는 사람이 많다. 많은 부모가 이러한 취미와 기술을 일찍 (때로는 아주 일찍) 개발해주지 않으면, 자녀가 최고의 대학에 들어갈 수 없을 거라고 걱정한다. 아이들이 좋은 학교와 일부 신중하게 선택한 비교과 활동을 통해 혜택을 볼 순 있지만, 더 넓은 지역 공동체에서 가족과 친구와 이웃과 편하게 어울리면서 더 많은 걸 얻을 수 있다는 점은 쉽게 간과된다. 진실은 아주 간단하다. 부모라면 누구나 아이에게 비언어적으로 소통하는 법을 가르칠 역량과 기술이 있다. 그러니 사회적으로 성공하는 데 필요한 기술을 가르치겠다고 매주 여러 수업과 활동에 참여시킬 필요는 없다. 차라리 다음과 같은 세 단계를 시행하는 게 더 좋다. 첫째, 당신이 먼저 비언어가 무엇이고 왜 중요한지 인식한다. 둘째, 당신의 아이들도 이것을 인식하도록 돕는다. 셋째, 아이들이 사용했으면 싶은 비언어를 직접 보여주고, 당신이 가르치려는 것을 강화해줄 활동과 경험에 아이들을 참여시킨다. 이는 참으로 간단하지만 정말 중요하다.

요즘 부모들은 그 어느 때보다도 현대 생활이 빚어낸 학습 격차를 메우기 위해 적극적으로 나서야 한다. 하지만 혼자서 감당할 필요는 없다. 교사, 조부모, 일가친척은 물론, (돌보미, 이웃, 코치 같은) 지역사회 구성원이 이를 거들 수 있다. 내가 비언어를 습득하는 데엔 특히 교사들이 중요한 역할을 했다는 점을 아주 애틋한 마음으로 기억한다. 선생님들 덕분에 나는 또래와 소통하는 새로운 방법을 배웠다. 또래 아이들 가운데 상당수는 내 가족이나 이웃과 다르게 행동했다. 하지만 나는 어른들의 지도에 따라 말로, 더 나아가 표정과 발성과 몸짓언어로 감정을 읽고 표현하는 데 점점 더 능숙해졌다. 내가 학교에서 배운 것과 집에서 경험한 것은 훗날 사회적으로나 학문적으로 성장하고 성공하는 데 필요한 기술의 토대가 됐다. 나는 교사들이 이 책을 읽고 아이들의 발달 측면에서 그들이 맡을 수 있는 중요한 역할을 더 잘 이해하길 바란다. 당신이 교사라면 감사하다는 말을 전하고 싶다. 당신은 이미 아이들을 위해 많은 일을 하고 있는데, 이 책이 당신과 아이들의 관계를 더 돈독히 하는 데 도움이 되면 좋겠다.

조부모와 지역사회 구성원도 똑같이 중요한 역할을 할 수 있다. 얼마 전 6개월 된 손자와 사는 옛 직장 동료를 찾아간 적이 있다. 나는 그가 학자로서 뛰어난 줄은 알고 있었지만, 그때 보니 할머니로서도 전혀 손색이 없었다. 그는 손자를 무릎에 앉히고 위아래로 흔들어주고 우스꽝스러운 표정을 짓고 흥겨운 목소리를 내면서 짝짜꿍을 했다. 스크린이나 디지털 기기가 동원되지 않으니 암호를 입력할 필요가 없었다. 그저 다정한 할머니가 손자를 키득키득 웃게 하려고 우스운 표정을 짓고 음량과 어조를 다양하게 바꿔가면서 손바닥을 맞부딪혔을 뿐이다. 이렇게 단순하고 다정한 상호작용을 통해 아기는 리듬, 발성, 접촉 등 온갖 종류의 비언어적 의사소통을 배웠다. 조부모로서 우리는 첨단 기술에 능숙하지 못하지만, 때로는 그 점이 강점으로 작용할 수 있다. 손주들과 함께 있을 때 예전처럼 대면 상호작용에 의존할 가능성이 더 크기 때문이다. 내 손주들은 벌써 10대인데, 어린 시절 우리를 찾아왔을 때 식탁에서 우스꽝스러운 표정을 짓거나 '막춤'을 신나게 췄던 기억을 아직도 간직하고 있다. 아이들에게 가장 생생하게 남아 있는 것은 우리가 사용한 말이 아니라 함께 있을 때 '구사했던' 비언어이다. 조부모는 아이들에게 비언어를 가르칠 숨겨진 자원이며, 다른 친척도 도움을 줄 수 있다. 삼촌, 고모, 이모, 사촌 등도 부모와는 다른 방식으로 아이들과 상호작용할 수 있다. 이렇게 아이들은 친구들을 사귀는 데 필요한 비언어기술을 더 많이 배우게 된다.

가까운 가족이 근처에 살지 않는다면, 아니 설사 가까이 살더라도, 직계가족을 넘어 아이들의 공동체를 확장할 다른 방법을 생각해볼 필요가 있다. 아이들은 또래 친구들과 어른들, 특히 다양한 인종이나 문화적 배경을 지닌 사람들과 상호작용하면서도 두루 배울 수 있다. 그러니 아이가 놀이 모임과 놀이 교실 등에서 또래들과 어울릴 기회뿐만 아니라 다양한 사람들과 다양한 환경에서 어울릴 기회도 찾아보자. 그렇다고 해서 이런 일정을 너무 많이 잡지는 말자. 아이가 자신만의 속도로 학습할 수 있게 해야 한다. 아이가 새로운 기술을 배울 때 서두르지 말고 상호작용을 통해 서서히 익히게 하자. 사람들과의 상호작용을 반복하면서 비언어적 의사소통의 효과적 패턴을 익히게 하는 것이 좋다.

아울러 당신은 아이가 더 행복한 미래를 구축하는 데 필요한 도구를 이미 갖추고 있다는 사실을 절대 잊으면 안 된다. 그 점을 강조하며, 아이들이 건전한 비언어적 의사소통을 기르는 데 도움이 될 마지막 팁을 소개한다.

유아기

① 이 단계에서 가장 중요한 일은 시간을 내서 아이와 노는 것이다

1960년대 헤드스타트 프로그램 초기부터 시행해온 연구에서, 양육자가 말을 걸고 웃어주고 안아준 아기들은 유년기 후반에 행복하고 사회성도 좋을 가능성이 더 크다는 사실이 일관되게 나타났다. 놀이는 아이들이 애정을 표현하는 비언어적 신호를 경험할 기회가 될뿐더러 인간적 상호작용의 주고받기를 배우는 장이 된다.

② 시간을 내서 아이의 감정 상태에 귀를 기울여라

정신과 의사 대니얼 시겔^{Daniel Siegel}은 우리가 비언어적 신호를 공유하면서 자신의 상태, 즉 주된 감정을 조정해야 유아의 감정 상태에 동조할 수 있다고 말한다.[1] 시겔이 '공명^{resonance}'이라고 일컫는 교감 상태에 이르려면, 아이의 표정과 몸의 움직임을 관찰하면서 좌절감, 두려움, 기쁨, 만족감 등의 감정을 적절히 파악할 수 있어야 한다.

③ 아이의 관점에서 세상을 바라보라

살짝 유치해 보일 수도 있지만, 아이의 신체적 관점에서 세상을 바라보면 아이의 감정적 관점을 더 잘 이해할 수 있다. 나는 아들의 침실 바닥에 누워 천장을 올려다보면서 이 방법을 시도했다. 그 덕에 아들이 날마다 바라보는 것들에 대한 통찰을 얻을 수 있었다. 그 당시 아내가 내 위로 얼굴을 불쑥 내밀며 왜 바닥에 누워 있느냐고 묻는 바람에 간이 떨어질 뻔했다. 그제야 위에서 내려다볼 때 사람의 표정과 몸의 움직임이 얼마나 다른지 깨달았다.

유년기 초기

① **감정에 이름을 붙이고 행동과 분리하라**

아이를 돌보다 보면 감정적 롤러코스터에 타게 되듯이, 아주 어린 아이도 자기 나름대로 대처해야 할 감정이 있다. 아이가 버릇없이 굴거나 떼쓰거나 고집을 부릴 때, 이러한 감정은 대부분 표정, 발성, 보디랭귀지 등 비언어적 신호로 전달된다. 부모는 이러한 행동에 수반되는 비언어적 메시지, 즉 '뭔가 마음에 안 드는 상황'에 초점을 맞춰야 한다. 그 즉시 "주먹을 꽉 쥐고 있는 모습을 보니 뭔가 뜻대로 안 되는구나"라고 말하면서 아이의 감정을 파악하고, 뭐가 문제인지 아이와 논의하자. 아이가 화난다거나 슬프다거나 불안하다거나 겁난다고 말하면, 당신도 아이의 표정과 몸짓에서 그런 감정을 볼 수 있고 목소리에서도 그런 감정이 느껴진다면서 아이를 위로하자. 이는 감정과 비언어적 표현을 연결하는 데 도움이 된다.

② **양육자가 항상 긍정적일 필요는 없다.**
   아이들은 부정적 감정도 다룰 줄 알아야 한다

적극적인 아버지이자 할아버지로 살다 보니 때로는 부정적 감정을 다루는 일이 나한테도, 아이들한테도 무척 유용하다는 사실을 알게 되었다. 항상 낙관적이고 긍정적으로 살겠다는 다짐은 달성할 수 없는 목표이다. 게다가 그런다고 아이에게 도움이 되지도 않는다. 아이 앞에서 소리치거나 울고 싶지 않다고 해서 매번 감정을 숨길 필요는 없다. 아무리 억누르려고 애쓰더라도 어조, 표정, 보디랭귀지를 통해 감정이 새어나간다는 사실은 여러 연구에서 이미 드러났다. 아이들은 부모가 말로 표현하든 안 하든 이러한 감정을 느낄 것이다. 부모로서 우리는 화나거나 짜증나는 온갖 순간에 놓인다. 그럴 땐 일단 마음을 진정하고 나서 다시 아이와 소통하도록 하자. 화난 일이 있었지만 이젠 마음을 가라앉혔다고 따뜻한 목소리로 설명하고, 아이를 살살 어루만지면서 그러한 메시지를 강화하자. 아울러 당신의 감정 분출에 대해 대화한 후 아이의 비언어적 반응이 어떻게 달라지는지도 살피자.

③ '4대1' 규칙을 사용하라

흔히 권장되는 '4대1' 규칙은 아이를 한 번 야단칠 때마다 긍정적인 말을 적어도 네 가지 하는 것이다. '4대1' 자체가 마법의 공식은 아니다. 때로는 '3대1'이 될 수도 있고 '7대1'이 될 수도 있다. 간단히 말해서, 아이의 잘못을 지적하거나 비판하려 들기보다는 잘한 점을 강조하고 주목하는 데 시간을 더 많이 할애하라는 얘기다. 연구자들은 우리가 행복해지려면 삶의 부정적 측면보다 긍정적 측면에 더 집중해야 한다고 강조한다. 표정을 예로 들면, 당신은 아이가 이 중요한 비언어 경로로 소통하는 데 성공하는 모습을 볼 때마다 긍정적으로 이렇게 말할 수 있다. "네가 그 여자애한테 환하게 웃어주더구나. 그 애 기분이 참 좋았겠다!" "엄마의 친구를 똑바로 보면서 멋지게 악수하더구나. 네가 반겨줘서 그분이 참 기뻤을 거야." "빌리가 놀이에 끼지 못해 슬퍼하니까 네가 다가가서 달래주더구나. 정말 기특하다!"

유년기 후기

① 아이가 학교에서 있었던 일을 터놓고 말하게 하자

아이가 그날 학교에서 있었던 일을 이야기하면 귀 기울이고 공감해주자. 아이가 유년기 초기였을 때처럼 실수를 바로잡고 지시하고 싶은 충동을 억눌러야 한다. 이 나이가 되면 아이들은 사회적으로 성장하기 위해 인간관계에서 자유롭게 실수를 저지르고 배울 수 있어야 한다.

이젠 아이와 가볍게 대화하면서 이를 비언어적 학습을 강화하는 기회로 삼자. 연구에 따르면, 아이들은 비언어적 지표를 바탕으로 순식간에 친구를 고른다. 깊이 생각하거나 이것

저것 따지지 않는다. 웃는 얼굴이나 격려의 끄덕임, 자신감 넘치는 자세나 존재감, 공유하는 리듬이나 말하는 방식 등 아이가 특정 친구에게 끌릴 만한 비언어적 신호에 대해 논의하자.

② 사람들과 어울릴 수 있는 다양한 상황을 제공하라

유년기 후기는 아이가 다양한 사람들과 다양한 상황을 경험하는 시기다. 각기 다른 방식으로 자신을 비언어적으로 표현하면서 다양한 관계를 맺고, 가족 내에서 유아기나 유년기 초기에 배우지 못했을 수 있는 미묘한 차이를 배우게 된다. 방과 후 운동과 활동은 이런 식의 비언어적 다양성에 노출될 유용한 기회이다. 하지만 너무 많은 활동에 아이를 참여시키는 것은 좋지 않다. 과도한 활동은 아이에게 부담이 된다. 게다가 경험한 것을 처리할 시간도 부족해진다. 어른과 마찬가지로, 아이들도 사회적 상호작용에 대처하는 기질이 다양하다. 아이가 수줍음이 많거나 사람들과 어울리는 자리를 불편해한다면, 아이가 이미 알고 있는 사람들과 더 많이 어울리게 하고, 덜 친숙한 사람들은 서서히 만나게 하자.

감사의 글

지금까지 8만 단어를 써서 하고 싶은 말을 쏟아놓고, 아이러니하게도 말이라는 게 생각만큼 중요하지 않다는 점을 내게 보여준 사람들에게 감사 인사를 전하고 싶다.

이 책은 해리 스택 설리번의 기본 이론을 비롯해 폴 에크만, 이레나우스 아이블-아이베스펠트Irenaus Eibl-Eibesfeldt, 레이 버드위스텔, 로버트 로젠탈Robert Rosenthal, 주디스 홀Judith Hall 등의 초기 연구 자료가 없었다면 세상에 나오지 못했을 것이다. 그들의 노고 덕분에 비언어적 현상에 관한 과학적 연구가 본격적으로 시작되었다. 그리고 처음으로 비언어적 행동과 기술의 중요성을 대중에게 알린《EQ 감성지능》의 저자 대니얼 골먼에게 특별한 감사를 전한다.

    내가 어떻게 이 자리에 이르렀고 또 이 책을 쓰게 되었는지 돌이켜보면, 내 인생에서 관계의 중요성을 새삼 떠올리게 된다.

    내 관계는 부모님을 필두로 시작되었다. 두 분 다 어린 시절 내내 나를 지지해주었지만 각기 다른 방식으로 나와 관계를 맺었다. 어머니는 걸핏하면 영어와 이탈리아어를 섞어서 말하는 통에 때로는 무슨 말씀을 하는지 정확히 이해하기 어려웠다. 이와 대조적으로, 아버지는 좀체 입을 열지 않았다. 그래서 나는 어렸을 때부터 청소년기와 성인기에 이르기까지 다른 사람들의 의사소통, 어조, 몸짓, 자세, 표정 등에 세심한 주의를 기울였다. 그리고 그들이 어떻게 느끼는지, 내가 그들과 어떤 상황에 놓여 있는지 이해하려고 노력했다.

    나는 지금의 가족에게도 빚을 지고 있다. 내 아내 카렌, 아들 앤디와 며느리 제니Jenny, 제니의 오라버니 제이슨, 그리고 내 두 손주 한나 루스와 소렌에게 고마운 마음을 전한다. 그들은 나를 늘 아끼고 지지해주었을 뿐만 아니라 시간과 상황에 따라 비언어적으로 감정을 읽고 표현하는 방법이 무수히 많다는 사실을 깨닫게 해주었다. 나는 손주들의 비언어적 의사소통 기술이 해가 갈수록 발전하는 모습을 지켜보면서 많은 것을 배웠다. 하지만 내가 가장 필요할 때 안정감과 지원을 제공한 사람은 카렌이었다. 솔직하고 유용한 비판이나 애정 어린 지지가 필요할 때 내가 늘 의지했던 사람은 아내였다.

나는 듀크대학교 메디컬센터에서 임상심리학 인턴으로 일하면서 비언어적 의사소통에 관해 정식으로 배우기 시작했다. 내 임상 지도교수 로버트 C. 카슨Robert C. Carson과 데릭 쇼Derek Show는 해리 스택 설리번의 이론과 임상 연구를 소개해주었다. 주로 인간관계 및 관계의 성장과 쇠퇴에서 비언어적 의사소통의 중요성을 다룬 내용이었다.

카슨과 쇼에게 교육받은 덕분에 나는 환자들이 심리치료에서 몸짓, 어조, 표정 등으로 소통하는 방식에 민감해졌다. 인턴을 마친 뒤 에모리대학교로 자리를 옮겼는데, 어쩌다 보니 학자로서 평생 이곳에 몸담고 있다. 여기서 듀크를 만났고, 그와 관계를 맺으면서 비언어적 의사소통에 관한 내 아이디어가 진정으로 성장하고 꽃피우게 되었다.

듀크와의 파트너십은 다양한 연구 논문과 책으로 이어졌고, 그 과정에서 어떤 관계는 성장하고 꽃을 피우지만 어떤 관계는 시들고 죽는 이유에 대해 더 많이 생각하게 되었다. 우리는 비언어적 행동을 측정하는 타당하고 믿을 만한 방법을 고안했다. 그리고 일상적 상호작용과 심리치료에서 비언어 의사소통의 역할에 관한 책도 썼다. 당시 우리는 에모리대학교의 또 다른 동료이자 저명한 심리치료 연구자 도널드 J. 키슬러Donald J. Kiesler의 도움을 받았다. 그는 고객 중심 치료client-centered therapy의 창시자 칼 로저스Carl Rogers와 함께 일했다. 우리는 학구적 경험과 공·사립학교 컨설턴트 업무를 통해 비언어적 의사소통이 학생들의 학업 성취와 사회 적응에 어떤 역할을 하는지 더 명확히 알 수 있었다. 〈오프라 윈프리 쇼〉와 CBS 〈굿모닝 쇼〉 같은 TV프로그램에 출연하면서 우리의 초기 연구를 대중에게 널리 알릴 수 있었다. 내 인생에서 듀크와 맺은 관계는 말로 다 할 수 없을 만큼 중요하다. 이 책의 저자는 나로 되어 있지만, 책 곳곳에서 그의 존재를 찾아볼 수 있다.

다음으로, 나는 대학원생과 학부생들과도 끈끈한 관계를 맺었다. 그들을 배제하고는 내 학문적, 개인적 삶을 상상할 수 없다. 비언어기술을 평가하기 위해 개발된 기본 테스트인 '비언어적 정확성 진단분석DANVA'과 '에모리 디세미아 지수Emory Dyssemia Index, EDI'는 여러 학생과 파트너십에서 비롯되었다. 구체적으로, 존 카튼John Carton(성인과 아동의 얼굴), 알렉산드라 로스먼Alexandra Rothman, 니 드메르츠지스nee Demertzis(아동의 준언어), 킴 바움Kym Baum(성인의 준언어), 할리 피터맨Hallee Pitterman, 니 알트만nee Altman(성인의 자세)을 꼽을 수 있다. 엘리자베스 브롬리

Elizabeth Bromley는 '에모리 디세미아 지수'라는 비언어적 관찰 평가 척도를 개발하는 책임을 맡았다. 비언어적 의사소통이 인간관계에서 어떻게 작용하는지를 탐구하는 수백 건의 연구에서 이러한 테스트가 사용되었다는 점에서 그들의 노고가 헛되지 않았음이 입증되었다.

박사과정 학생들 가운데 상당수는 비언어적 의사소통을 논문에서 중점적으로 다뤘다. 구체적으로, 레이첼 아미라티Rachel Ammirati, 웬디 베일리Wendy Bailey, 존 카튼, 마리에타 콜린스Marietta Collins, 에일린 쿨리Eileen Cooley, 데니스 글랜빌Denise Glanville, 마크 하티건Mark Hartigan, 리사 하이먼Lisa Heiman, 제프 존스Jeff Jones, 톰 케이Tom Kay, 신디 랜슬럿Cindy Lancelot, 로렌 맥심Lauren Maxim, 에린 맥클러Erin McClure, 로라 머프슨Laura Mufson, 존 패덕John Paddock, 에이미 밴 뷰런Amy van Buren, 카렌 슈워츠Karen Schwartz, 버지니아 위클린Virginia Wickline 등을 꼽을 수 있다. 그들의 노력과 기여에 얼마나 감사한지 모르겠다.

동료들도 비언어적 의사소통에 관한 논문과 책을 발표하는 데 기여했다. 특히 낸시 블리와이즈Nancy Bliwise, 크리스틴 바이런Kristin Byron, 윌리엄 젠트리William Gentry, 앤 밴 버스커크Ann Van Buskirk 등은 각자의 방식으로 비언어적 의사소통이 우리 삶에서 어떻게 작동하는지에 대한 새로운 통찰을 얻는 데 도움을 주었다.

내 생각과 글에 많은 영향을 준, 러시신경행동센터Rush Neurobehavioral Center의 창립자이자 전 소장인 메릴 립턴Meryl Lipton에게 특히 감사한다. 우리는 신경다양인과 신경전형인 아이들의 비언어적 의사소통 연구를 위한 구조와 관련해서 중요한 이론적 논문을 발표했다. 우리 둘 다 아이들이 잠재력을 최대한 실현하도록 돕는 일에 헌신하고 있다는 사실을 알게 되었다. 운 좋게 우리의 길이 교차했을 때 서로 협력하여 임상 연구를 진행할 수 있어서 참으로 기뻤다.

사라 새먼Sara Salmon은 '안전한 학교를 위한 센터Center for Safe Schools' 이사장이다. 아이들의 안전과 교육에 대한 열렬한 옹호자이기도 한데, 그가 덴버에서 주최했던 연례 회의는 다른 곳에선 찾아볼 수 없는 방식으로 공·사립학교 교사들과 행정가들을 만나고 배울 기회였다.

다음으로, 눈을 해외로 돌려서 진 골딩Jean Golding이라는 멋진 분과의 특별한 관계를 전해야겠다. 거의 40년 전 영국의 브리스틀대학교에서 초청 강연을 할 때 진을 만났다. 그때부터 우리는 연구 파트너이자 가까운 친구로 지내고 있다. 그는 아동과 그들의 부모에 관한 기념비적 종단 연구를 1994년에 시작해서 지금까지 활발히 진행하고 있다. 아이들이 8세가 되면, 나는 부모와 아이 모두에게 DANVA를 시행하도록 허락받았다. 그 덕분에 연구자들이 이전엔 할 수 없었던 방식으로 부모와 자녀의 관계를 연구한, 일련의 독특한 데이터를 얻을 수 있었다.

내 에이전트 브리짓 마지Bridget Mazie가 아니었다면 내가 쓰고 싶었던 내용은 결코 활자로 찍히지 못했을 것이다. 십여 년 전 에모리대학교는 교수들이 아이디어를 책으로 발전시키는 방법을 배우도록 하루짜리 프로그램을 후원했다. 나는 그날 오전 공개 토론회에 참석했는데, 그 자리에서 에이전트와 편집자들이 책을 출판하는 데 필요한 사항을 설명했다. 그리고 오후엔 운 좋게도 브리짓과 15분 동안 개인 상담을 했다. 단 몇 초 동안 관찰해서 판단하는 단편 연구thin-slice research 결과를 보면, 사람들의 비언어적 행동을 토대로 정확한 판단을 내리는 데 그리 긴 시간이 필요하지 않다. 실제로 15분은 브리짓을 내 에이전트로 삼겠다고 결정하는 데 충분한 시간이었다. 다행히 그녀도 선뜻 수락했다. 그때 이후로 브리짓은 세 아이를 낳았고 내가 책을 두 권 출판하도록 도왔다. 이 두 가지 중 어느 것이 그녀에게 더 어려운 일이었는지는 잘 모르겠다.

저스틴 브루커트Justin Brouckaert를 소개해준 사람도 브리짓이었다. 저스틴은 내가 아이디어를 구체화하고, 명확하고 설득력 있는 제안서를 쓰도록 도와주었다. 그의 도움이 없었다면 이 책은 빛을 볼 수 없었을 것이다.

다음으로 이브 클랙스턴Eve Claxton에게 고마운 마음을 전한다. 이브와 함께했던 시간을 어떻게 하면 멋지게 설명할 수 있을까 고민해봤다. 에드먼드 힐러리Edmond Hillary가 최초로 에베레스트산을 등반했을 때 그의 업적은 전 세계적으로 찬사를 받았다. 그런데 힐러리가 정상에 오르기까지 안내하고 지원해준 셰르파 텐징 노르게이Tenzing Norgay가 없었다면, 그는 결코 정상에 도달하지 못했을 것이다. 그렇다, 이브는 나의 셰르파였다. 내가 일을 제대로 하도록 도와주고 나를 아낌없이 지원해주었다. 그에게 아무리 감사한들 부족할 것이다. 게다가 이브는 줌 회의 중에 나를 자신의 사랑스러운 조카 글로리아Gloria에게 소개했다. 당시 네 살 난 글로리아는 동화 속 공주처럼 차려입고 들고 있던 마술봉을 흔들면서 이브와 나에게 이 책이 성공할 거라고 말했다. 이만하면 중요한 관계는 다 말했으려나?

이렇게 많은 사람에게 도움을 받았으니, 그들을 능가할 만한 관계를 찾을 수 없을 거로 생각할 것이다. 하지만 그렇지 않다. 편집자 탈리아 크론Talia Krohn과의 경험은 내 인생을 바꿔놨다. 우리 관계에서 그가 내 뒤를 든든히 받쳐주지 않았던 순간은 없었다. 그는 늘 친절하게 내 부족한 부분을 채워주었다. 그가 내 글을 어떻게 생각할지 두려워하면서도 늘 그의 피드백을 열심히 읽었다. 탈리아는 항상 내 편을 들어주었고 내가 쓰고 싶었던 책을 쓸 수 있게 나를 올바른 방향으로 인도했다. 이 책의 집필이 내 인생에서 가장 만족스러운 학문적 경험이었는데, 이는 탈리아 덕분이다.

주석

들어가며: 새로운 유형의 문제

1. Harry Stack Sullivan, *Conceptions of Modern Psychiatry* (New York: W. W. Norton, 1953).

2. Stephen Nowicki and Marshall P. Duke, *Helping the Child Who Doesn't Fit In* (Atlanta: Peachtree Publishers, 1992).

3. Daniel Goleman, *Emotional Intelligence* (New York: Bantam Books, 1995).

4. Jean Twenge, "Have Smartphones Destroyed a Generation?" *Atlantic*, September 15, 2017, https://www.theatlantic.com/magazine/archive/2017/09/has-the-smartphone-destroyed-a-

generation/534198/.

5. *Richard Weissbourd et al.*, "National Survey of Loneliness—Loneliness in America: How the Pandemic Has Deepened an Epidemic of Loneliness and What to Do About It," Making Caring Common, Harvard Graduate School of Education, President and Fellows of Harvard College, February 9, 2021, https://mcc.gse.harvard.edu/reports/loneliness-in-america.

6. National Survey of Children's Health, 2021, Child and Adolescent Health Measurement Initiative (CAHMI), Data Resource Center for Child and Adolescent Health.

7. Samantha Brooks et al., "The Psychological Impact of Quarantine and How to Reduce It," *Lancet* 395, no. 10227 (February 26, 2020): 912-920, https://doi.org/10.1016/S0940-6736(20)30460-8.

8. Joan Hope, "Research Shows Impact of COVID-19 on Students with Disabilities, Other Groups," *Disability Compliance for Higher Education* 27, no. 6 (2021): 9, https://doi.org/10.1002/dhe.31205.

9. Nicole Racine et al., "Global Prevalence of Depressive and Anxiety Symptoms in Children and Adolescents during COVID-19: A Meta-analysis," *JAMA Pediatrics* 175, no. 11 (August 9, 2021): 1142-1150, https://doi.org/10.1001/jamapediatrics.2021.2482.

10. "Covid 19 Pandemic Triggers 25% Increase in Prevalence of

Anxietyand Depression Worldwide," World Health Organization, March 2, 2022, https://www.who.int/news/item/02-03-2022-covid-19-pandemic-triggers-25-increase-in-prevalence-of-anxiety-and-depression-worldwide.

11. Yan Liu et al., "Associations between Feelings/Behaviors during COVID-19 Pandemic Lockdown and Depression/Anxiety after Lockdown in a Sample of Chinese Children and Adolescents," *Journal of Affective Disorders* 284 (February 5, 2021): 98-103, https://doi.org/10.1016/j.jad.2021.02.001.

12. Hope, "Research Shows Impact of COVID-19."

13. Evie Blad, Educators see gaps in kids' emotional growth due to the pandemic. Education Week February 24, 2022.

14. TK

15. Twenge, "Have Smart Phones Destroyed a Generation?"

16. Věra Skalická, et al., "Screen Time and the Development of Emotion Understanding from Age 4 to Age 8: A Community Study," *British Journal of Developmental Psychology* 37, no. 3 (February 28, 2019): 427-443, https://doi.org/10.1111/bjdp.12283.

17. Yalda T. Uhls et al., "Five Days at an Outdoor Education Camp without Screens Improves Preteen Skills with Nonverbal Emotion Cues," *Computers in Human Behavior* 39 (October 2019): 387-392, https://doi.org/10.1016/j.chb.2014.05.036.

PART 1
비언어적 의사소통

1. 관계의 언어

1. Stephen Nowicki and Marshall P. Duke, *Helping the Child Who Doesn't Fit In* (Atlanta: Peachtree Publishers, 1992).

2. Sarah Z. Cole and Jason S. Lanham, "Failure to Thrive: An Update," *American Family Physician* 83, no. 7 (2011): 829-834.

3. Julianne Holt-Lunstad, "Social Connection as a Public Health Issue: The Evidence and a Systemic Framework for Prioritizing the 'Social' in Social Determinants of Health," *Annual Review of Public Health* (2022): 193-213, https://doi.org/10.1146/annurev-publhealth-052020-110732.

4. Kathleen B. King and Harry T. Reis, "Marriage and Long-Term Survival after Coronary Artery Bypass Grafting," *Health Psychology* 31, no. 1 (2012): 55-62, https://doi.org/10.1037/a0025061.

5. Barry M. Lester et al., *Resilience in Children* (Hoboken, NJ: Wiley-Blackwell, 2006).

6. Harry S. Sullivan, *Conceptions of Modern Psychiatry*, 2nd

ed. (W. W. Norton, 1966).

7. Melissa Faye Greene, The Left-Out Child, *Family Life*, September, 1993, page 104.

8. Sigmund Freud, *The Problem of Anxiety* (New York: W. W. Norton, 1936).

9. Sullivan, *Conceptions*.

10. Morten L. Kringelbach et al., "On Cuteness: Unlocking the Parental Brain and Beyond," *Trends in Cognitive Sciences* 20, no. 7 (2016): 545-558, https://doi.org/10.1016/j.tics.2016.05.003.

11. Edward Tronick et al., "Infant Emotions in Normal and Pertubated Interactions," in *Biennial Meeting of the Society for Research in Child* Development, Denver, CO (1975).

12. Albert Mehrabian, *Silent Messages: Implicit Communication of Emotions and Attitudes*, 2nd ed. (Belmont, CA: Wadsworth, 1980).

13. M. D. S. Ainsworth et al., *Patterns of Attachment* (Hillsdale, NJ: Erlbaum, 1978).

14. M. P. Duke and S. Nowicki, "A Social Learning Theory Analysis of Interactional Theory Concepts and a Multi-dimensional Model of Human Interaction Constellations," in *Handbook of Interpersonal Psychotherapy*, ed. J. C. Anchin and D. J. Kiesler (Elmsford, NY: Pergamon, 1982), 78-94; Stephen Nowicki and Marshall P. Duke, *Will I Ever Fit In?* (Atlanta: Peachtree

Publishing, 2012); S. Nowicki and A. van Buskirk, "Non-verbal Communication: From Good Endings to Better Beginnings," in *Nonverbal Communication in Close Relationships: What Words Don't Tell Us*, ed. R. Sternberg and A. Kostić (London: Palgrave Macmillan, 2022), 277-305.

2. 여섯 가지 유형의 비언어적 의사소통

1. Marco Bani et al., "Behind the Mask: Emotion Recognition in Healthcare Students," *Medical Science Educator* 31, no. 4 (2021): 1273-1277, https://doi.org/10.1007/s40670-021-01317-8.

2. Daphne J. Holt et al., "Personal Space Increases during the COVID-19 Pandemic in Response to Real and Virtual Humans," *Frontiers in Psychology* 13 (2022): 952-998, https://doi.org/10.3389/fpsyg.2022.952998.

3. Alison Prato, "Does Body Language Help a TED Talk Go Viral?" *TEDBlog*, May 12, 2015, https://blog.ted.com/body-language-survey-points-to-5-nonverbal-features-that-make-ted-talks-take-off/.

4. Amy J. C. Cuddy et al., "Preparatory Power Posing Affects Nonverbal Presence and Job Interview Performance," *Journal*

of *Applied Psychology* 100, no. 4 (2015): 1286-1295, https://doi.org/10.1037/a0038543.

5. Ray L. Birdwhistell, *Kinesics and Context*, London: Allen Lane, The Penguin Press, 1971.

6. Mario Pei, *The Story of Language* (Philadelphia and New York: J. B. Lippincott Company, 1949).

7. David G. Weissman et al., "Low Emotional Awareness as a Transdiagnostic Underlying Psychopathology in Adolescence," *Clinical Psychology Science* 8 (2020): 1-18.

8. Paul Watzlawick et al., *Pragmatics of Human Communication: A Study of Interactional Patterns, Pathologies and Paradoxes*, (New York: W. W. Norton & Co., 2011).

PART 2
조용한 오케스트라

3. 리듬: 은밀한 비언어 경로

1. J. Margraf et al., "Social Rhythm and Mental Health: A Cross-Cultural Comparison," *PLOS One* 11, no. 3 (2016): 1-17.

2. Alexis Wnuk, "This Is Why You Get Zoom Fatigue," BrainFacts, September 23, 2020.

3. Koen de Reus et al., "Rhythm in Dyadic Interactions," *Philosophical Transactions of the Royal Society B* (2021), https://doi.org/10.1098/rstb.2020.0337.

4. M. Dolsen, J. Wyatt, and A. Harvey, "Sleep, Circadian Rhythms, and Risk across Health Domains in Adolescents with an Evening Circadian Preference," *Journal of Clinical Child and Adolescent Psychology* 48, no. 3 (2019): 480-490.

5. C. J. Zampella et al., "Interactional Synchrony and Its Association with Social and Communication Ability in Children with and without Autism Spectrum Disorder," *Journal of Autism and Developmental Disorders* 50, no. 9 (2020): 3195-3206, https://doi.org/10.1007/s10803-020-04412-8, PMID: 32065341, PMCID: PMC7569722.

6. Ken Fujiwara, Masanori Kimura, and Ikuo Daibo, "Rhythmic Features of Movement Synchrony for Bonding Individuals in Dyadic Interaction," *Journal of Nonverbal Behavior* 44 (2020): 273-293.

7. Noboru Kobayashi, The Soothing Effect of the Mother's Heart Beat, Child Research Net, 2003.

8. G. Markova, T. Nguyen, and S. Hoehl, "Neurobehavioral

Interpersonal Synchrony in Early Development: The Role of Interactional Rhythms," *Frontiers in Psychology* 10 (2019): 2078.

9. David Deming, "Early Childhood Intervention and Life-Cycle Skill Development: Evidence from Head Start," *American Economic Journal: Applied Economics* 1, no. 3 (2009): 111-134, https://doi.org/10.1257/app.1.3.111.

10. K. Guilmartin and L. M. Levinowitz, *Music and Your Child: A Guide for Parents and Caregivers* (Princeton, NJ: Music Together, 1992); K. Guilmartin and L. M. Levinowitz, *Teaching Music Together* (Princeton, NJ: Music Together, 2003).

11. T. C. Rabinowitch and A. Knafo-Noam, "Synchronous Rhythmic Interaction Enhances Children's Perceived Similarity and Closeness toward Each Other," *PLOS One* 10, no. 4 (2015): e0120878, https://doi.org/10.1371/journal.pone.0120878.

12. William J. Friedman, "Development of Time Concepts in Children," *Advances in Child Development and Behavior* 12 (1978): 267-298, https://doi.org/10.1016/S0065-2407(08)60040-3.

13. Fangbing Qu et al., "Development of Young Children's Time Perception: Effect of Age and Emotional Localization," *Frontiers in Psychology* (2021), https://doi.org/10.3389/fpsyg.2021.688165.

14. Sandra Stojic, Vanja Topic, and Zoltan Nadasdy, "Children

and Adults Rely on Different Heuristics for Estimation of Durations," *Scientific Reports* 13 (2023).

15. T. Berny et al., "Construction of a Biological Rhythm Assessment Scale for Children," *Trends in Psychiatry and Psychotherapy* 40, no. 1 (2018), https://doi.org/10.1590/2237-6089-2017-0081.

4. 표정: 웃어라, 그러면 세상도 함께 웃는다

1. Morten L. Kringelbach et al., "On Cuteness: Unlocking the Parental Brain and Beyond," *Trends in Cognitive Science* 20, no. 7 (2016): 545-558, https://doi.org/10.1016/j.tics.2016.05.003.

2. Jordon Lite, "Kids' Smiles Predict Their Future Marriage Success: Childhood Photos Reveal Happiness Levels Later in Married Life," *Scientific American*, September 1, 2009, https://www.scientificamerican.com/article/kids-smiles-predict-their-future/.

3. LeeAnne Harker and Dacher Keltner, "Expressions of Positive Emotion in Women's College Yearbook Pictures and Their Relationship to Personality and Life Outcomes Across Adulthood," *Journal of Personality and Social Psychology* 80, no.

1 (2001): 112-124, https://doi.org/10.1037/0022-3514.80.1.112.

4. Eric Savitz, "The Untapped Power of Smiling," *Forbes Daily Newsletter*, March 22, 2011, https://www.forbes.com/sites/ericsavitz/2011/03/22/the-untapped-power-of-smiling/?sh=410f68b97a67.

5. Claus-Christian Carbon and Martin Serrano, "The Impact of Face Masks on the Emotional Reading Abilities of Children—a Lesson from a Joint School-University Project," *i-Perception* 12, no. 4 (2021): 1-17, https://doi.org/10.1177/20416695211038265.

6. Marco Bani et al., "Behind the Mask: Emotion Recognition in Healthcare Students," *Medical Science Education* 31, no. 4 (2021): 1273-1277, https://doi.org/10.1007/s40670-021-01317-8.

7. Jennifer M. B. Fugate and Courtny L. Franco, "Implications for Emotion: Using Anatomically Based Facial Coding to Compare Emoji Faces across Platforms," *Frontiers in Psychology* 12 (2021), https://doi.org/10.3389/fpsyg.2021.605928.

8. Jonas Aspelin, "Enhancing Pre-service Teachers' Socio-emotional Competence," *International Journal of Emotional Education* 11, no. 1 (2019): 153-168, https://www.frontiersin.org/articles/10.3389/fpsyg.2021.605928/full.

9. Judy Foreman, "A Conversation with: Paul Ekman; The 43 Facial Muscles That Reveal Even the Most Fleeting Emotions,"

New York Times, August 5, 2003, https://www.nytimes.com/2003/08/05/health/conversationwith-paul-ekman-43-facial-muscles-that-reveal-even-most-fleeting.html.

10. Albert Mehrabian, *Silent Messages: Implicit Communication of Emotions and Attitudes*, 2nd ed. (Belmont, CA: Wadsworth, 1980).

11. Pamela M. Cole and Amber E. Jacobs, "From Children's Expressive Control to Emotion Regulation: Looking Back, Looking Ahead," *European Journal of Developmental Psychology* 15, no. 6 (2018): 658-677, https://doi.org/10.1080/17405629.2018.1438888.

12. Elisabet Serrat et al., "Identifying Emotional Expressions: Children's Reasoning About Pretend Emotions of Sadness and Anger," *Frontiers in Psychology* 11 (2020): 1-10, https://doi.org/10.3389/fpsyg.2020.602385.

13. Charles Darwin, *The Expression of Emotions in Man and Animals* (New York: Oxford University Press, 1872).

14. Rachael E. Jack et al., "Facial Expressions of Emotion Are Not Culturally Universal," *Psychological and Cognitive Sciences* 109, no. 19 (2012): 7241-7244, https://doi.org/10.1073/pnas.1200155109.

15. David Matsumoto, *The SAGE Handbook of Nonverbal Communication* (Thousand Oaks, CA: SAGE Publications, 2006), 219-235,

https://doi.org/10.4135/9781412976152.

16. Rachael E. Jack, Roberto Caldara, and Philippe G. Schyns, "Internal Representations Reveal Cultural Diversity in Expectations of Facial Expressions of Emotion," *Journal of Experimental Psychology: General* 141, no. 1 (2012): 19-25, https://doi-org/10.1037/a0023463.

17. Denise N. Glanville and Steve Nowicki Jr., "Facial Expression Recognition and Social Competence among African American Elementary School Children: An Examination of Ethnic Differences," *Journal of Black Psychology* 28, no. 4 (2002): 318-329, https://doi.org/10.1177/009579802237540.

18. Amy G. Halberstadt et al., "Preservice Teachers' Racialized Emotion Recognition, Anger Bias, and Hostility Attributions," *Contemporary Educational Psychology* 54 (2018): 125-138, https://doi.org/10.1016/j.cedpsych.2018.06.004.

19. Eleanor J. Gibson and Richard D. Walk, "The 'Visual Cliff,'" *Scientific American* 202, no. 4 (1960): 64-71, https://doi.org/10.1038/scientificamerican0460-64.

20. Amy Halberstadt, Susan Denham, and Julie Dunsmore, "Affective Social Competence," *Social Development* 10, no. 1 (2001): 79-119.

21. Malinda, Carpenter, and Michael Tomasello. Joint attention

and imitative learning in children, chimpanzees and enculturated chimpanzees Social Development no.4 (1995): 1299-1311.

22. Ludy T. Benjamin and Darryl Bruce, "From Bottle Fed Chimp to Bottlenose Dolphin: A Contemporary Appraisal of Winthrop Kellogg," *The Psychological Record* 32, 1982.

23. Tiffany Field and Tedra Walden, "Production and Discrimination of Facial Expression by Preschool Children," *Child Development* 53, no. 5 (1982): 1299-1311, https://doi.org/10.2307/1129020.

24. Megan E. Harrison et al., "Systematic Review of the Effects of Family Meal Frequency on Psychosocial Outcomes," Canadian Family Physician, 61 no. 2 (2015): 96-106.

25. Reginal B. Adams, A. J. Nelson, and Devin Purring, "Eye Behavior," in *Nonverbal Communication*, ed. Judith A. Hall and Mark L. Knapp (Berlin/Boston: Walter de Gruyter, 2013, 233-261; Jodi Schulz, "Eye Contact: Don't Make These Mistakes," Michigan State University, Michigan State University Extension, December 31, 2012, https://www.canr.msu.edu/news/eye_contact_dont_make_these_mistakes.

26. Hironori Akechi et al., "Attention to Eye Contact in the West and East: Autonomic Responses and Evaluative Ratings," *PLOS One* 8, no. 3 (2013): e59312, https://doi.org/10.1371/journal.pone.0059312.

5. 개인적 공간: 됐어, 그만 다가와!

1. Michael Graziano, *The Spaces between Us* (New York: Oxford University Press, 2018).

2. Edward T. Hall, *The Hidden Dimension* (New York: Doubleday, 1966).

3. Agnieszka Sorokowska et al., "Preferred Interpersonal Distances: A Global Comparison," *Journal of Cross-Cultural Psychology* 48, no. 4 (2017), https://doi.org/10.1177/00220221176980309.

4. Marshall Duke and Stephen Nowicki Jr., "A New Measure and Social Learning Model for Interpersonal Distance," *Journal of Experimental Research in Personality* 6 (1972): 1-17.

5. Duke and Nowicki, "A New Measure."

6. Graziano, *Spaces between Us*.

7. Graziano, *Spaces between Us*, 158-159.

8. Daphne J. Holt et al., "Personal Space Increases during the COVID-19 Pandemic in Response to Real and Virtual Humans," *Frontiers in Psychology* 13 (2022), https://doi.org/10.3389/fpsyg.2022.952998.

9. Thomas M. Horner, "Two Methods of Studying Stranger Reactivity in Infants: A Review," *Journal of Child Psychology*

and Psychiatry (1980), https://doi.org/10.1111/j.1469-7610.1980.tb01796.

10. Giulia Orioli et al., "Identifying Peripersonal Space Boundaries in Newborns," *Scientific Reports* 9 (2019), http://doi.org/10.1038/s42598-019-45084-4.

11. Yair Bar-Haim et al., "Attachment in Infancy and Personal Space Regulation in Early Adolescence," *Human Development* 4, no. 1 (2002): 68-83. http://doi.org/10.1080/14616730210123111.

12. Duke and Nowicki, "A New Measure"; F. N. Willis, R. Carlson, and D. Reeves, "The Development of Personal Space in Primary School Children," *Journal of Nonverbal Behavior* 3 (1979): 195-204, https://doi.org/10.1007/BF01127363.

6. 신체 접촉: 조심 또 조심

1. Eric Fishman et al., "Touch Relieves Stress and Pain," *Journal of Behavioral Medicine* 18 (1995): 69-79, https://doi.org/10.1007/BF01857706.

2. Pavel Goldstein et al., "The Role of Touch in Regulating Inter-Partner Physiological Coupling during Empathy for Pain," *Scientific Reports* 7, no. 1 (2017), https://doi.org/10.1038/s41598-

017-03627-7.

3. Sheldon Cohen et al., "Does Hugging Provide Stress-Buffering Social Support? A Study of Susceptibility to Upper Respiratory Infection and Illness," *Psychological Science* 26, no. 2 (2014): 135-147, https://doi.org/10.1177%2F0956797614559284.

4. Carissa J. Cascio et al., "Social Touch and Human Development," *Developmental Cognitive Neuroscience* 35 (2019): 5-11, https://doi.org/10.1016/j.dcn.2018.04.009.

5. Cascio et al., "Social Touch," 6.

6. April H. Crusco and Christopher G. Wetzel, "The Midas Touch: The Effects of Interpersonal Touch on Restaurant Tipping," *Personality and Social Psychology Bulletin* 10, no. 4 (1984): 512-517, https://doi.org/10.1177/0146167284104003.

7. Aino Saarinen et al., "Social Touch Experience in Different Contexts: A Review," *Neuroscience and Behavioral Reviews* (2021): 360-372, https://doi.org/10.1016/j.neubiorev.2021.09.027.

8. Harry F. Harlow et al., "Total Social Isolation in Monkeys," *Proceedings of the National Academy of Sciences of the United States of America* 54, no. 1 (1965): 90-97, https://doi.org/10.1073%2Fpnas.54.1.90.

9. Juulia T. Suvilehto et al., "Topography of Social Touching Depends on Emotional Bonds between Humans," *Psychological*

and Cognitive Sciences 112, no. 45 (2015): 13811-13816, https://doi.org/10.1073/pnas.1519231112.

10. Disa Bergnehr and Asta Cekaite, "Adult-Initiated Touch and Its Functions at a Swedish Preschool: Controlling, Affectionate, Assisting and Educative Haptic Contact," *International Journal of Early Years Education* 26, no. 3 (2017): 312-333, https://doi.org/10.1080/09669760.2017.1414690.

11. Laura Crucianelli, "The Need to Touch," *Aeon*, April 12, 2020, https://aeon.co/essays/touch-is-a-language-we-cannot-afford-to-forget.

12. David J. Linden, *Touch: The Science of the Hand, Heart, and Mind* (London: Viking, 2015).

13. Cascio et al., "Social Touch."

14. Francis McGlone et al., "Discriminative and Affective Touch: Sensing and Feeling," *Neuron* 82, no. 4 (2014): 737-755, https://doi.org/10.1016/j.neuron.2014.05.001.

15. Charles A. Nelson et al., *Romania's Abandoned Children: Deprivation, Brain Deprivation, and the Struggle for Recovery* (Cambridge, MA: Harvard University Press, 2014), 416.

16. Nelson et al., *Romania's Abandoned Children*.

17. Pamela M. Owen and Jonathan Gillentine, "Please Touch the Children: Appropriate Touch in the Primary Classroom," *Early*

Child Development and Care 181, no. 6 (2011): 857-868, https://doi.org/10.1080/03004430.2010.497207.

7. 발성: 내 말의 속뜻을 알아들을 수 있니?

1. Michael Kraus, "Voice-Only Communication Enhances Empathic Accuracy," *American Psychologist* 72, no. 7 (2017): 644-654.

2. Leonor Neves et al., "Associations between Vocal Emotion and Socio-emotional Adjustment in Children," *Royal Society Open Science* 8 (2021): https://doi.org/10.1098/rsos.211412.

3. Alexia D. Rothman and Stephen Nowicki, "A Measure of the Ability to Identify Emotion in Children's Tone of Voice," *Journal of Nonverbal Behavior* 28, no. 2 (2004): 67-92, https://doi.org/10.1023/B:JONB.0000023653.13943.31.

4. Bruce J. Morton and Sandra E. Trehub, "Children's Understanding of Emotion in Speech," *Child Development* 72, no. 3 (2001): 834-843.

5. Rebecca Lake, "Listening Statistics: 23 Facts You Need to Hear," CreditDonkey, September 17, 2015.

6. Lake, "Listening Statistics."

7. Simon Leipold et al., "Neural Decoding of Emotional Prosody in Voice-Sensitive Auditory Cortex Predicts Social Communication Abilities in Children," *Cerebral Cortex* (2022): 1-20.

8. Albert Mehrabian, *Silent Messages: Implicit Communication of Emotions and Attitudes* (Belmont, CA: Wadsworth, 1971).

9. Alex B. Van Zant and Jonah Berger, "How the Voice Persuades," *Journal of Personality and Social Psychology* (2019), http://dx.doi.org/10.1037/pspi0000193.

10. Lake, "Listening Statistics."

11. Pasquale Bottalico et al., "Effect of Masks on Speech Intelligibility in Auralized Classrooms," *Journal of the Acoustical Society of America* 148 (2020): 2878-2884, https://doi.org/10.1121/10.0002450.

12. Marco Bani et al., "Behind the Mask: Emotion Recognition in Healthcare Students," Medical Science Educator 31, no. 4 (2021): 1273—1277, https://doi.org/10.1007/s40670-021-01317-8.

13. Michele Morningstar, Joseph Venticinque, and Eric C. Nelson, "Differences in Adult and Adolescent Listeners' Ratings of Valence and Arousal in Emotional Prosody," *Cognition and Emotion* 33, no. 7 (2019): 1497-1504.

14. Petri Laukka and Hillary Anger Elfenbein, "Cross-Cultural

Emotion Recognition and In-Group Advantage in Vocal Expression: A Meta-analysis," *Emotion Review: Emotion in Voice* 13, no. 1 (2021): 3-11.

15. Tawni B. Stoop et al., "I Know That Voice! Mothers' Voices Influence Children's Perceptions of Emotional Intensity," *Journal of Experimental Child Psychology* 199 (2020): 1-20.

16. Marie-Helene Grosbras, Paddy D. Ross, and Pascal Belin, "Categorical Emotion Recognition from Voice Improves during Childhood and Adolescence," *Scientific Reports* 8 (2018).

17. Carlos Hernandez Blasi et al., "Voices as Cues to Children's Need for Caregiving," *Human Nature* 33 (2022): 22-42.

18. J. Bruce Morton and Sandra E. Trehub, "Children's Understanding of Emotion in Speech," *Child Development* 72, no. 3 (2001): 834-843.

19. Neves et al., "Associations between Vocal Emotion."

20. Carolyn Quam and Daniel Swingley, "Development in Children's Interpretation of Pitch Cues in Emotion," *Child Development* 83, no. 1 (2012).

21. W. Quin Yow and Ellen M. Markman, "Bilingualism and Children's Use of Paralinguistic Cues to Interpret Emotion in Speech," *Bilingualism: Language and Cognition* 14, no. 4 (2012): 562-569, https://doi.org/10.1017/S1366728910000404.

22. Koen de Reus et al., "Rhythm in Dyadic Interactions," *Philosophical Transactions of the Royal Society B* 376, no. 1835 (2021), https://doi.org/10.1098/rstb.2020.0337.

8. 보디랭귀지: 교차로의 교통경찰

1. Maurice Krout, "Further Studies on the Relation of Personality and Gesture. A Nosological Analysis of Autistic Gestures," *Journal of Experimental Psychology* 20, no. 3 (1937): 279-287.

2. Gordon W. Hewes, "The Anthropology of Posture," *Scientific American*, February 1, 1957, https://www.scientificamerican.com/article/the-anthropology-of-posture/.

3. Peter Bull and John P. Doody, "Gesture and Body Movement," in *Nonverbal Communication*, ed. Judith Hall and Mark Knapp (Berlin/Boston: De Gruyter, 2013).

4. Hanneke K. M. Meeren et al., "Rapid Perceptual Integration of Facial Expression and Emotional Body Language," *Proceedings of the National Academy of Sciences of the United States of America* 102, no. 45 (2005): 16518-16523, https://doi.org/10.1073%2Fpnas.0507650102.

5. Marianne Gullberg and Kenneth Holmqvist, "What Speakers Do and What Listeners Look At: Visual Attention to Gestures in Human Interaction Live and on Video," *Pragmatics and Cognition* 14, no. 1 (2006): 53-82, https://doi.org/10.1075/pc.14.1.05gul.

6. Amy J. C. Cuddy et al., "Preparatory Power Posing Affects Nonverbal Presence and Job Interview Performance," *Journal of Applied Psychology* 100, no. 4 (2015): 1286-1295, https://doi.org/10.1037/a0038543.

7. Alison Prato and Vanessa Van Edwards, "Does Body Language Help a TED Talk Go Viral? 5 Nonverbal Patterns from Blockbuster Talks," *TEDBlog*, May 12, 2015, https://blog.ted.com/2015/05/12/body-language-survey-points-to-5-nonverbal-features-that-make-ted-talks-take-off.

8. Allan Pease, "The Power Is in the Palm of Your Hands" (presentation at Macquarie University, Sydney, Australia, February 11, 2014).

9. Brittany Blaskovits and Craig Bennell, "Are We Revealing Hidden Aspects of Our Personality When We Walk?" *Journal of Nonverbal Behavior* 43 (2019): 329-356, https://doi.org/10.1007/s10919-019-00302-5.

10. Desmond Morris, *Peoplewatching: The Desmond Morris Guide to Body Language* (London: Jonathan Cape, 2002).

11. Roger E. Axtell, *Essential Do's and Taboos: The Complete Guide to International Business and Leisure Travel* (Hoboken, NJ: John Wiley & Sons, 2007).

12. BabySparks, "Baby Gestures: An Important Language Skill," Speech, BabySparks, February 16, 2018, https://babysparks.com/2018/02/16/baby-gestures-an-important-language-skill/.

13 Robert Hepach, Amrisha Vaish, and Michael Tomasello. The Fullfillment of Others' Needs Elevates Childen's Body Posture. Developmental Psychology, 53, no. 1 (2017): 100-113. http://dx.doi.org/10.1037dev0000173.

결론

1. Daniel Siegel and Mary Hartzell, *Parenting from the Inside Out: How a Deeper Self-Understanding Can Help You Raise Children Who Thrive* (New York: Tarcher/Penguin, 2004).

표정을 읽는 아이, 세상을 읽는 아이

초판 1쇄 인쇄 2025년 6월 19일
초판 1쇄 발행 2025년 7월 2일

지은이 스티븐 노위키
옮긴이 박미경
펴낸이 고영성

책임편집 유형일
저작권 주민숙, 한연

펴낸곳 (주)상상스퀘어
출판등록 2021년 4월 29일 제2021-000079호
주소 경기 성남시 분당구 성남대로43번길 10, 하나EZ타워 307호
팩스 02-6499-3031
이메일 publication@sangsangsquare.com
홈페이지 www.sangsangsquare-books.com

ISBN 979-11-94368-40-3 (03590)

- 상상스퀘어는 출간 도서를 한국작은도서관협회에 기부하고 있습니다.
- 이 책은 저작권법에 따라 보호를 받는 저작물이므로 무단 전재와 복제를 금지하며,
  이 책 내용의 전부 또는 일부를 사용하려면 반드시 저작권자와 상상스퀘어의 서면 동의를 받아야 합니다.
- 파손된 책은 구입하신 서점에서 교환해드리며 책값은 뒤표지에 있습니다.